中学航天科普课程
建构与实践案例

史艺　孙越　编著

北　京

冶金工业出版社

2023

内 容 简 介

本书主要介绍航天特色课程建构方法，集合航天教育课程开发拓展的优秀教学案例。书中以航天领域为背景，由高中的数学、物理、化学、生物、地理、语文教师开发，从不同的学科视角为学生提供航天知识拓展，让学生能够系统地接受航天知识，近距离接触航天领域研究成果和航天精神。

本书可供想要拓展航天教育的老师参考，也可作为对航天知识感兴趣的青少年的科普读物。

图书在版编目（CIP）数据

中学航天科普课程建构与实践案例／史艺，孙越编著 . —北京：冶金工业出版社，2023.3

ISBN 978-7-5024-9325-7

Ⅰ. ①中… Ⅱ. ①史… ②孙… Ⅲ. ①航天—中学—教学参考资料 Ⅳ. ①G634.933

中国版本图书馆 CIP 数据核字（2022）第 202768 号

中学航天科普课程建构与实践案例

出版发行	冶金工业出版社	电 话	(010)64027926
地　　址	北京市东城区嵩祝院北巷 39 号	邮　编	100009
网　　址	www.mip1953.com	电子信箱	service@mip1953.com

责任编辑　卢　敏　张佳丽　美术编辑　彭子赫　版式设计　彭子赫
责任校对　石　静　责任印制　窦　唯
北京捷迅佳彩印刷有限公司印刷
2023 年 3 月第 1 版，2023 年 3 月第 1 次印刷
710mm×1000mm　1/16；12 印张；242 千字；180 页
定价 68.00 元

投稿电话　(010)64027932　投稿信箱　tougao@cnmip.com.cn
营销中心电话　(010)64044283
冶金工业出版社天猫旗舰店　yjgycbs.tmall.com
（本书如有印装质量问题，本社营销中心负责退换）

编辑委员会

前　　言

　　科学技术的进步和国家实力的增强，很大程度上取决于创新人才的培养。2021 年，习近平总书记在两院院士大会上指出："我国要实现高水平科技自立自强，归根结底要靠高水平创新人才。"

　　一个国家如果没有高水平的科技创新教育，就没有大量高水平的科技创新人才，就很难推进创新型国家的建设。要想实现创新人才的培养，就要大力推进科技创新教育，构建培养科技创新人才的课程体系，探索创新人才培养的模式。

　　目前，人才的培养更加注重能力与素养的培养，课程目标也聚焦到"培养适应未来社会发展的人"。教育者们在探索基于能力与素养导向的课程改革过程中发现，学校如果只提供学科知识与基本技能，就会禁锢学生的思维体系和思维方式，导致学生与真实世界的差距很大。于是一场关于课堂、关于学习的革命应运而生，真实的学习情境、融合性的课程主题、没有标准答案的挑战任务以及具有批判精神及创造精神的教育趋势，这些都表明现有的教育体系需要一种基于跨学科的、与真实世界相关联的课程拓展体系，使学生在项目化的学习中形成核心素养，掌握能够适应未来复杂情景的思维方式，成为终身学习者。

　　中国航天事业从白手起家到颇具规模，如今已成为世界航天重要的主导力量，实属不易。1970 年 4 月 24 日，我国第一颗人造地球卫星"东方红一号"成功发射，开创了中国航天史的新纪元。五十年过去了，从"两弹一星"到"天宫""北斗"，从神舟飞天到嫦娥探月，一代代航天人仰望星空、脚踏实地，中华民族实现了千年的飞天梦想，开启了迈向航天强国的新征程。特别是 2020 年，"北斗三号"全球导航系统星座部署完成，"天问一号"火星探测器完成深空机动，"嫦娥五号"月球采样返回任务圆满完成。一个又一个航天领域的成就令中国人激动和振奋。航天事业发展的新形势已带来了新挑战，希望寄托在青少年身上。在青少年中开展航天教育，既能够提高学生的民族自豪感和责任感，落实立德树人的育人导向，也能为航天事业的发展培养后备人才。

本书以普及航天知识、弘扬航天精神、培养航天领域科技创新人才为目的，探索适用于中学的航天特色课程建构案例开发与实施，从学科知识点碎片化转向素养导向的整合式教育。通过航天科技的真实问题，以项目式学习的形式，提高学生解决问题的能力，提升思维品质与逻辑思维能力，全面发展综合素养，同时渗透航天教育中的德育价值。

本书中收集的优秀教学案例，由北京一零一中学数学、物理、化学、生物、地理、语文学科教师开发，力图以航天领域为背景，结合中学生的学情，从具体学科出发，以项目为载体设计教学内容和教学环节，突破学科界限，重组知识单元，为青少年提供与之能力与水平相匹配的航天知识拓展课程。案例采用项目式学习的形式，将跨学科理念有效地实施与落地。

此外，本书还邀请航天东方红卫星有限公司的 4 位航天工程师提供了两节小卫星的课程案例，试图从工程师的视角来设计中学航天知识拓展课程。

本书的编写及出版，要感谢每一位研发拓展课程的老师，他们在教学之余，查阅大量资料，将自己的航天教育经验凝炼成书，与大家分享。也要感谢航天科技集团十二院的大力支持，协助联系航天领域专家为课例把关，积极联系和协调出版社相关的工作，极力促成本书的出版。还要感谢航天东方红卫星有限公司的老师们，作为航天领域的专家，尝试为中学生开发航天知识拓展课程及航天活动，将遥远的太空拉近，让学生有机会阅读到适合他们年龄阶段的航天知识。也感谢各位读者对本书的信任与支持，有不妥之处欢迎提出宝贵意见！

作　者

2022 年 6 月

目　　录

第一章　基于跨学科的项目式学习

只有能够激发学生去进行自我教育的教育，才是真正的教育。
　　　　　　　　　　　　　　　　　　——苏霍姆林斯基

1. 项目式学习的意义

当今社会，科学技术的进步使人们的生产生活方式和思维方式发生了巨大的变化。为培养适应未来社会发展需求的人才，项目式学习这种注重培养素养和能力的教育形式，被视为落实育人目标的有效方式。

在项目式学习中，学生是主体。在完成一个真实情境的项目中，学生灵活运用所学的知识以及技术，搜集信息、创意设计、创造产品，并习得主动探究、解决问题、创意思考、设计思考、批判思考、团队合作、组织规划等技能。

借助项目式学习，学生收集处理信息能力、思考能力、合作能力、表达能力、动手实践能力都可以得到较大的提高，不仅可以促进学生深度学习，而且可以让学生有机会置身于真实的团队或职场环境中，发现自己的职业兴趣，有助于其职业规划。不仅如此，项目成果的实际价值与意义，也能激发学生内在动力，体现学生的自我价值，培养学生的创新精神和实践能力，增强学生的社会使命感与责任感。

当然，没有一种教学方式和课程的组织形式是完美的，项目式学习仅仅是培养和塑造人才的载体之一，也有其边界和适用性。与传统分科教学注重知识的逻辑结构与独立性相比，项目式学习缺少知识的支撑。作为教师要不断地探索"最好"的教育形式，在传统分科教学与项目式学习中找到平衡点，有机结合，探索新时代背景下更好的教育形式。

2. 跨学科项目式学习的含义

《跨学科的项目化学习：4+1 课程实践手册》中将项目式学习分为两类，一类是"基于学科的项目式学习"，另一类是"基于跨学科的项目式学习"。

基于学科的项目式学习，是在传统的学术性课程如语文、数学、物理等学科的教学过程中以项目为载体，将项目式学习的元素融入日常学科教学中，丰富教与学的方式，加强学生批判性思维、沟通与合作等重要能力的培养。

基于跨学科的项目式学习，以真实情境中的关键性问题为组织核心，将各种相关的事实、经验、素材组织起来，将知识内隐其中。罗顿等人认为，跨学科教育是"一种课程设计与教学的模式，这种模式要求单个教师或团队对两门或多门学科或知识体系的信息、数据、技术、工具、观点、概念或理论进行辨识、评价与整合，从而提高学生理解问题、处理问题、评价解释、创造新方法和解决方案的能力，而这些方法和解决方案超出了单门学科或单个教学领域的范畴"。开展跨学科教育，需以课程为突破口和着力点，STEM 教育就是一种实现跨学科教育的重要载体。

STEM 教育源于美国，是一种基于跨学科的教育理念，意在培养高科技人才来保持国家竞争力。STEM 是科学（Science）、技术（Technology）、工程（Engineering）和数学（Mathematics）四个英文单词首字母缩写，不仅代表着科学、工程、技术、数学四门独立的学科领域及其核心知识，也代表将这四门学科有逻辑、有组织地进行交叉融合，以跨学科思维，提升学生核心素养。

从 STEM 教育的发展来看，其内涵不断在扩展延伸，例如 STEAM、STREAM、STEM+、STEMx 等变式不断涌现，表现出 STEM 的极大"包容性"。为了使 STEM 教育中的科学、技术、工程和数学四个领域更好融合，通常将工程作为 STEM 课程的框架，使之成为连通科学、数学和技术学科知识的"桥梁"。美国在《K-12 工程教育》研究报告中也明确将工程确定为"综合 STEM 教育的催化剂"，并指出"STEM 教育中的工程学是解决当前 STEM 教育缺乏整合的方式"，数学和科学作为 STEM 课程的基础学科，既有知识的学习，也有知识的综合运用；技术也体现在工程之中。

我国在引进 STEM 教育的同时，也在研究与实践中努力寻找 STEM 教育的本土化之路。2018 年，为进一步发挥 STEM 教育在促进科技创新和提高国家竞争力中的基础性和先导作用，中国教育科学研究院启动"中国 STEM 教育 2029 创新行动计划"，以服务国家创新驱动发展战略为宗旨，打造覆盖全国的 STEM 教育示范基地，培养国家急需的创新人才和高水平技术人才。同时中国教科院发布《中国 STEM 教育 2029 行动计划》和《STEM 教师能力等级标准（试行）》。2019 年《关于新时代推进普通高中育人方式改革的指导意见》指出：注重加强跨学科综合性教学。

基于跨学科的项目式学习是建构主义学习理论的产物，目前也被认为是落实STEM 理念最好的方式之一。在项目式学习的过程中，学生获得知识的多少，取决于学生在项目中所构建的有关知识的能力。学生单纯的自我构建知识是不可能完整的，跨学科的项目设计结合认知深度等级工具设计的每一个问题，使学生积极思考并且思考的深度逐步增加，最终完成自我构建，促进学生的思维发展。

第二章　青少年航天课程的建构与实施

要胸怀航天强国梦想，强化使命担当，加强技术创新和实践创造，不断刷新进军太空的中国高度。

——习近平

1. 航天教育的意义

　　航天事业的发展水平是国家综合国力的重要象征。习近平总书记多次强调要建设航天强国，实现航天梦。青少年是祖国的未来，也是中国航天事业的希望，加强青少年航天教育工作，增强青少年航天报国的意识，尤为重要和迫切。

　　航天科学技术是人类对于宇宙这一未知世界进行探索所取得的重要成就，也是培育新时代优秀人才的重要内容。一方面，航天科学技术包含各个学科领域的基础和前沿知识，同时也富有趣味性和启发性，系统开展航天教育，能够有效提高学生的兴趣，积极引导学生探索未知世界，主动学习各学科的基础知识，而学习和掌握这些知识，本身也是在提高自身基本素养，适应社会发展进步。另一方面，我国航天事业经过几代人艰苦奋斗，不仅创造了科技上的辉煌成就，而且孕育形成了航天精神、"两弹一星"精神和载人航天精神，创造了丰富的航天文化资源。开展航天教育，是培养未来能够在各领域有所担当、有所创造的杰出人才的重要方式，在强调创新创造的今天具有更加重要的现实意义，也是传承中华民族精神、构建社会主义核心价值体系、建设航天强国和激发青少年科学探索精神的需要。

2. 青少年航天课程建设的意义

　　美国国家航空航天局（NASA）利用其世界一流的设施和优秀的科学家队伍，将空间技术发展与教育、科学传播紧密联系起来，免费公开美国航天计划的图片、视频、文字等资料，充分利用人们对重大航天项目的关注，举办航天教育科普活动，在促进人们了解航空航天领域的同时，也吸引更多的人加入到航天事业及其相关领域中来。相比于美国对航天教育的普及，我国的航天教育正处在起步阶段，主要以航天科普馆、航天展览、航天主题的夏令营或冬令营、新闻、纪录片、专家讲座等形式进行，航天教育内容的缺乏整体性、连贯性，碎片化比较严重，有一些科普活动面向的对象群体从小学生到高中生，活动设计缺乏针对性。

对于中学生，一些与航天前沿科技相关的讲座和参观是应当的。这个阶段的学生已经具备了一定的数学、物理、生物和化学的基础知识，浅显的科普性介绍已经无法满足他们的需求。他们不仅有了解航天基础知识的需求，而且更有运用所学知识解决真实航天问题的愿望，渴望在解决真实的航天问题中发挥自己的作用，所以为这个阶段的学生提供与之能力、水平相匹配的航天课程，是非常有意义和必要的。

3. 青少年航天教育课程体系

在中学阶段科学地建构航天教育体系（见图 2-1），是培养航天科技人才的有效途径。构建航天教育体系，是探索航天人才培养模式的需要，也是传承中华民族精神、建设航天强国的需要。

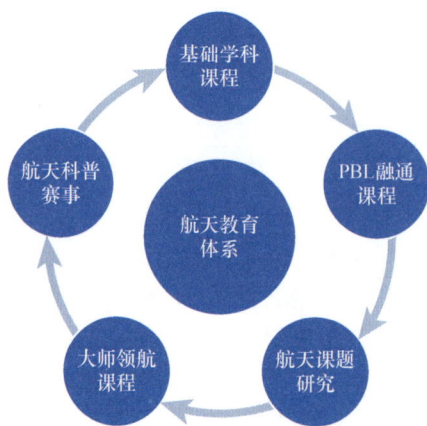

图 2-1　中学航天教育体系框架

（1）基础学科课程——以各学科的教学内容为主线，奠定航天教育知识基础。

重视各学科内容，强化基础知识教育，打好数学、物理、化学、生物、地理等学科的基础，为基于跨学科的融通课程做准备，以学科教学内容为契机，渗透航天领域知识的原理与应用。

（2）PBL融通课程——开发跨学科的PBL（项目式学习）融通课程，丰富航天教育课程资源。

将学科基础知识与航天领域知识有机结合，开发基于跨学科的项目式课程，采用项目式学习的形式，让学生综合运用多学科知识解决真实的航天问题，在项目和任务的驱动下主动学习，达成知识和能力的主动建构，提升学生的STEM素养。

（3）航天课题研究——以航天课题为载体，激发学生深入研究与实践创新。

航天科技是一个复杂的系统工程，其中有很多具有前沿性、涉及交叉学科的科技问题可研究。让学生参与航天领域的课题研究，联合航天领域专家进行校外辅导，能够锻炼学生的信息搜集、抽象思维、逻辑思维、理论推导、实际动手、归纳总结等各方面的能力，真正进入自己所属的科研领域，在综合性、前瞻性科研实践中培养创新思维和创新能力，以及自主学习新知识的能力，同时对当前航天领域的研究现状及研究热点有更好的了解。

（4）大师领航课程——大师领航"引入走出"，接轨航天事业发展的新进展。

近几年我国在载人航天、嫦娥探月、北斗组网、探测火星等领域取得了令人瞩目的成就。为了让青少年对航天最前沿的科技进展有更加深入的了解，可以邀请相关领域的专家讲解航天事业的新进展，也可以让其通过参加航天研学活动、参观航天展览及发射基地等，亲身感受航天发展的新进程。

（5）航天科普赛事——搭建平台，展示自我，积极推进航天教育体系的建立。

中学可以结合学校的办学特色，开展一些航天背景的评比活动，比如"原创航天诗歌"的评比，或者颂赞航天的"海报设计"评比等；积极参加一些国家级的航天特色活动，比如"孩子的声音上太空"活动、"空间站搭载青少年科学实验方案"征集活动等；结合国家重大发射任务，鼓励中学生积极参与，比如第一辆火星车的名字及标识征集活动、首辆火星车的命名等，鼓励中学生设计出更加富有时代性、民族性、群众性的名称和图形标识，更好地展示中国航天事业的国家形象。通过参与各级各类航天活动，不仅可以让学生在不同的平台展示自我、培养自信，而且也能够积极推进航天教育体系的建立。

本书所呈现的课程案例分为提问、导读、基础理论和知识介绍、科学实验和计算、小记者问答、拓展阅读和小测试几个环节。其中每个主题的基础理论和知识介绍部分与高中各学科课标对应，小记者问答环节也对接最新的高考指向，让青少年学以致用，将学科所学知识真正与航天科技结合起来。

第三章　基于跨学科项目式学习的航天课程案例

案例1　航天发射基地的选址

❓ 提问

我国有几个航天发射基地呢？发射基地的选址有什么要求吗？如果我国再建立一个航天发射基地，应该在哪里选址呢？

📖 导读

17世纪，牛顿把天空中的现象和地面上的现象统一起来，成功地解释了天体运行的规律。

1957年10月4日，世界上第一颗人造地球卫星在苏联发射成功，人类对宇宙的探索进入了新时代。1970年4月24日，由中国空间技术研究院自行研制的东方红一号卫星在酒泉发射成功，中国成为继苏联、美国、法国、日本之后世界上第五个用自制火箭发射国产卫星的国家。

自1958年我国建设第一个卫星发射场——酒泉卫星发射场起，经过几代航天人的艰苦奋斗，目前我国已经拥有了四座卫星发射中心，即酒泉卫星发射中心、西昌卫星发射中心、太原卫星发射中心和文昌卫星发射中心，见表3-1。这四座卫星发射中心承载着我国运载火箭的发射任务，成功将500多个航天器送入预定轨道，有力支撑保障了我国载人航天、月球探测、北斗卫星导航、高分辨率对地观测系统等一系列重大工程任务的成功实施。

请在地图上找一找我国的四个航天发射基地在哪里。

建设航天发射基地需要满足哪些条件呢？

可以按照图3-1所示思路研究了解航天发射基地的建设条件。

表 3-1　我国航天发射基地概况

基地名称	始建时间	建设地点
酒泉卫星发射中心	1958 年	内蒙古自治区阿拉善盟额济纳旗
太原卫星发射中心	1967 年	山西省忻州市岢岚县
西昌卫星发射中心	1970 年	四川省西昌市
文昌卫星发射中心	2009 年	海南省文昌市

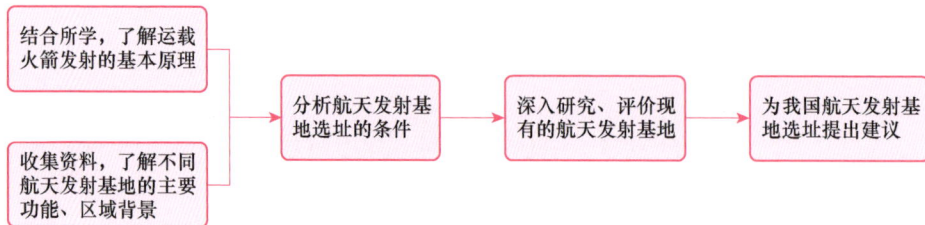

图 3-1　研究思路

基础理论和知识介绍

现在，以我国的四大航天发射基地为例，从它们所处的地理位置与环境入手，开展课题研究。请参考表 3-2 的资料，了解我国四大航天发射基地的概况，并将其中与航天发射基地位置选择有关的信息提取出来。

表 3-2　我国四大航天发射基地条件简介

基地名称	简　介
酒泉卫星发射中心	位于巴丹吉林沙漠深处戈壁滩中，地势平坦、视野开阔，200km 以内基本为无人区，安全性好；地势开阔，是天地往返运输系统理想回收着陆场所；距海岸线远，可以充分利用已基本形成的路上航天测控网；气候干燥少雨，光照时间长，年平均期为 8.5℃，雷电日少，容易满足发射条件；基地建成多年，生活设施基本齐全，技术保障、测控通信、铁路运输等配套设施完善
太原卫星发射中心	位于高原，群山环抱，地势高峻，隐蔽性强、安全性高；气候冬长无夏，春秋相连，无霜期只有 90 天，年平均气温 5℃；适宜发射太阳同步轨道卫星，能满足多射向、多轨道、远射程的卫星发射需要
西昌卫星发射中心	纬度低，海拔高，地空距离短，发射倾角好；峡谷地形，安全性高，地质结构坚实，有利于发射场的总体布局；气候变化小，年平均气温 18℃，日照达 320 天，"发射窗口"长；交通便利，附近机场满足大型飞机起降，路网发达

基地名称	简　介
文昌卫星发射中心	纬度低，距离赤道最近，发射有效载荷的成本低；发射方向 1000km 范围内是茫茫大海，因此坠落的残骸不易造成意外；位于滨海地区，临近港口，交通便利，火箭通过水陆运输不再受铁轨的限制

请在下图中记录影响航天发射基地位置选择的因素。

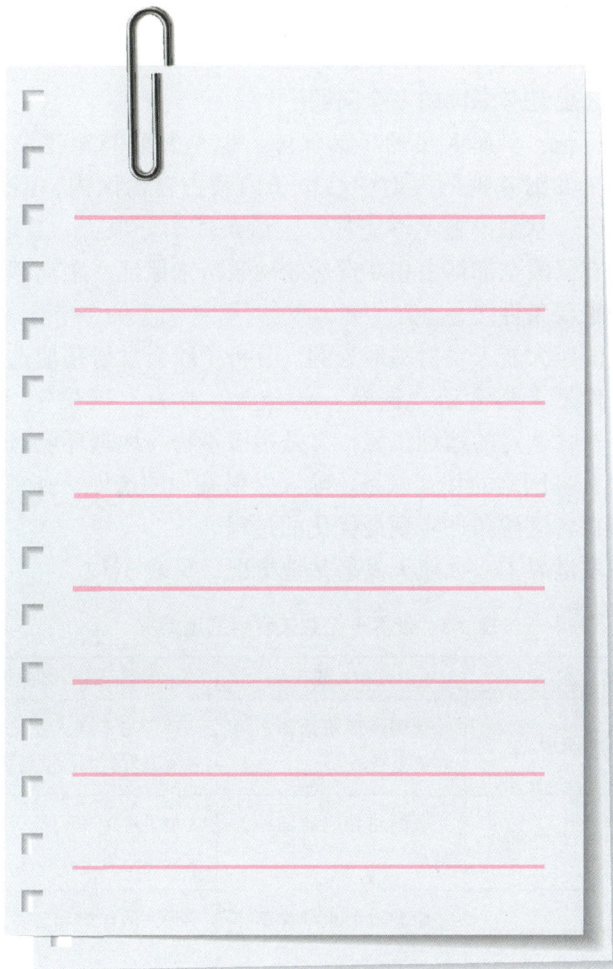

通过梳理，我们找到了一些影响航天发射基地选址的条件。它们有些与一个地方的自然环境有关，属于自然条件。比如从气候条件看，航天发射基地主要选在那些气候温和、干燥、晴天多、日照长的地方；从地形、地质条件看，地势平坦开阔，地质结构坚实，有利于发射场的建设。

还有一些条件，涉及一个地方的社会经济条件。比如交通，就是发射基地建设的一个重要条件。一方面，运载火箭需要通过便利的交通运输运送到发射中心；另一方面，人员的通勤、保障物资的运输，也需要通过交通运输来完成。因此，发射基地周边通常会建有适宜体积大、运量大的物资运输的交通线路，如铁路、水路等运输线路。

安全问题是另外一个重要的社会经济因素。这里的安全包括两个方面的含义，一是发射安全。在发射区的附近，不能够有大型的聚落，人口不能够密集。万一发射出现了故障，发射区附近人口稠密，火箭下落可能会造成大量人员伤亡。文昌发射基地面向大海，就可以避免上述问题。二是国防安全。早期的卫星发射基地的建设，更是考虑国防安全问题。

此外，基础设施、科研人员的生活保障，也是发射基地建设的考虑因素之一。例如酒泉卫星发射基地的发射中心位于内蒙古自治区内，但那一带荒无人烟，当地物资匮乏，基础设施不够完善，生活条件十分艰苦。基地的所有物资、后勤等方面的所有保障全部由相对发达的酒泉市来保证。距离酒泉市近，是当年发射场建设的重要条件之一。

上面以中国的四大航天发射基地为例，分析了航天发射基地选址时需要考虑的条件。这些条件是人类活动"选择"的位置，称为"区位"。区位有两层含义：一是指一件事物选定的地理位置，二是指该事物与地理环境（包括自然环境和社会经济环境）各因素的相互联系。航天发射基地的选址，其实质就是对土地的合理利用，使得各区位条件实现最优化的过程。

下面来看一看世界上十大航天发射基地概况，见表3-3。

表3-3   世界十大航天发射基地概况

序号	名　　称	位　　置	简　　介
1	肯尼迪航天中心	美国佛罗里达州东海岸梅里特岛	载人与不载人航天器测试等，准备和实施发射的最重要场所
2	西部航天和导弹试验中心	美国洛杉矶北面的西海岸	最重要的军用航天发射基地，航天发射次数居全美之首
3	拜克努尔发射地	哈萨克斯坦拜克努尔市西南	最大的导弹和各种航天飞行器发射场地
4	普列谢茨克基地	俄罗斯阿尔汉格尔斯克地区	用于发射侦察、电子情报、导弹预警、通信、气象和雷达校准卫星
5	酒泉卫星发射中心	甘肃酒泉以北的戈壁滩	发射大倾角、中低轨道的各种试验卫星和应用卫星的主要基地

续表 3-3

序号	名　称	位　置	简　介
6	西昌卫星发射中心	四川西昌西北的峡谷中	专门用于发射地球静止卫星
7	种子岛航天中心	日本种子岛南端	用于发射试验卫星和应用卫星
8	库鲁发射场	南美洲北部法属圭亚那中部的库鲁地区	欧空局（ESA）开展航天活动的主要场所
9	圣马科发射场	肯尼亚福莫萨湾	世界是唯一的海上航天发射场
10	斯里哈里科塔发射场	印度南部东海岸的斯里哈里科塔岛	印度的导弹试验和卫星发射场

依据表 3-3 在地图上找到这十个航天发射基地的位置。它们在分布上有什么规律吗？

_____

_____

_____

_____

_____

_____

_____

_____

_____

_____

_____

⊗ 科学实验与计算

世界十大航天发射基地，大多位于中低纬度地区。这是为什么呢？

首先，假设地球是一个绝对球体，忽略地球表面大气层的影响，在赤道上某点发射火箭。火箭发射后，要把搭载的卫星送到既定轨道，使其在地球附近围绕地球旋转。我们可以将其运动方式近似看作是一个匀速圆周运动。若卫星能够围绕地球运动，则卫星的绕行速度（v_1）需达到第一宇宙速度。而这一绕行速度是火箭发射速度（v_R）和该地自转线速度（v_E）的合速度，如图 3-2 所示。其中该地自转线速度方向为该地随地球自转运动的切线方向。

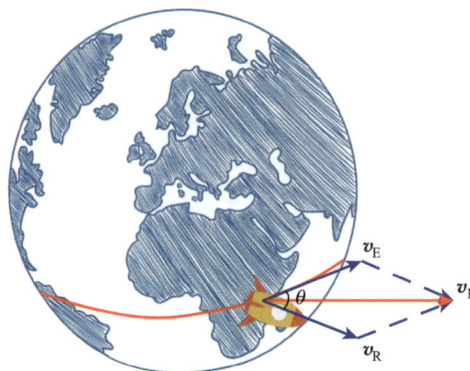

图 3-2　火箭发射速度分析

　　设火箭发射时速度方向与地球自转线速度方向夹角为 θ，由余弦定理可知，$v_1^2 = v_E^2 + v_R^2 - 2v_E v_R \cos(\pi - \theta)$。地球上纬度越低的地方，地球的半径越大，地球自转的线速度也越大。这样，火箭在发射时可以获得更大的初速度，是利于火箭发射的。

　　早在 20 世纪 70 年代，我国在进行航天发射场选址时，就曾对海南岛建设航天发射场进行过评估，海南岛也一度被列为当时最佳选址之一。但是因为当时正处于冷战时期，国际形势较为复杂，故而不得不将航天发射场设置在西北地区。海南航天发射基地建设项目从 20 世纪 90 年代中期开始酝酿，经过多次论证，最终建设在海南省文昌市。该航天发射场的建成填补了我国低纬度发射市场的空白。像我国"长征五号"系列火箭以及将来的新型号火箭，推力将可提升10%，主要承担地球同步轨道卫星、大质量极轨卫星、大吨位空间站、货运飞船和深空探测卫星等航天器的发射任务。这将大大提高我国运载火箭在国际上的竞争力。

　　同时，火箭的发射方向也会影响发射时所用燃料的多少。当火箭向偏东方向发射时，卫星轨道平面和地球赤道平面夹角小于90°，即 $\theta < 90°$，则火箭可以获得更大的初速度，卫星绕行速度更大。当火箭向偏西方向发射时，$\theta > 90°$，则火箭可以获得的初速度小，卫星绕行速度达到第一宇宙速度需要消耗更多的能源。

　　可见，在赤道上朝着正东方向发射卫星，可以利用的速度最大；纬度越高，能利用的速度越小。

　　我国用"长征二号""二号丙""二号丁"3 种运载火箭发射的多颗返回式遥感卫星以及用"长征二号 F"运载火箭发射的神舟号试验飞船，都是从酒泉发射中心起飞被送入近地轨道，向东飞行的。再如，太原卫星发射中心担负了太阳同步轨道气象、通信、资源等多种型号的中、低轨道卫星和运载火箭的发射任务。

小记者提问

【问题一】世界十大航天发射基地并非都建设在了低纬度地区，俄罗斯的普列谢茨克发射基地甚至建设在了60°N以北的高纬度地区。这样会比较费燃料，为什么要这样做呢？

航天发射基地的选址，是一项非常复杂的工作。正如前面所讲，科学家们需要考虑一个地方各种区位条件的优劣，并对这些条件进行评估，最终选取最优决策。航天发射基地建设在纬度较低的地区，是一个重要条件，但并非唯一条件。就世界十大航天发射基地而言，它们本身的纬度差异也是很大的，见表3-4。

表3-4　世界部分航天发射基地的地理位置

基 地 名 称	基地中心坐标
肯尼迪航天中心（美）	28°30′N，80°42′W
西部航天和导弹试验中心（美）	31.4°N，120.4°W
拜科努尔航天中心（俄）	46°N，63°20′E
普列谢茨克基地（俄）	62.8°N，40.1°E
库鲁发射场（法）	5.2°N，52.8°W
酒泉卫星发射中心（中）	40.6°N，99.9°E

事实上，除了一个地方自身的自然条件和社会条件外，发射基地本身承载的任务也是要考虑的一个重要方面。卫星绕地球的运动方向可以分为向东、向西、向南或向北，它们分别被称为"顺行轨道""逆行轨道"和"极地轨道"。

（1）顺行轨道。在前一部分，我们探讨的是顺行轨道的情况。在这一轨道上的绝大多数卫星距离地面较近，高度仅有数百千米，又称为近地轨道。例如法国的库鲁基地，其纬度只有5.2°，十分接近赤道，在借用地球自转向东的分量上，具有很大的优势。另外，像地球的同步卫星（即卫星的运行周期和方向均与地球同步，我们在地球上某点观测，卫星相对地球静止不动），方向上也是自西向东运动的。又如地球上的主要通信卫星和广博电视转播卫星，运行角速度与地球自转角速度相同，卫星通常定于赤道某点上空，便于通信信号的定位传送和获取。

（2）逆行轨道。逆行轨道一般轨道倾角大于90°，因此运载火箭需要朝西南方向发射。这种发射方式，不仅无法利用地球自转产生的部分速度，而且需要付出额外的能量克服地球自转。

什么样的卫星会采用这样的发射方式呢？太阳同步轨道卫星！

对于太阳同步轨道卫星，这种发射方式反而成了优势，不仅可以更加节省因克服向东分量而消耗的能量，而且可以保证卫星和太阳在天空中的运动方向一致。像俄罗斯普列谢茨克基地，纬度很高，就是以发射太阳同步卫星为巨大优势的。我国的太阳卫星发射基地，也主要承担的是太阳同步轨道卫星的发射任务。我国用"长征四号"火箭发射的 2 颗"风云一号"气象卫星和 2 颗测量大气密度的地球卫星，都是采用的这种轨道。

（3）极地轨道。这种轨道倾角为 90°，卫星轨道面通过地球南北两极。我国虽未研制运行此类轨道的卫星，但曾经以一箭双星的方式 6 次从太原起飞，把 12 颗美国铱星送入极地轨道。

可见，航天发射基地的选址，需要在了解火箭发射基本原理的基础上，考虑发射基地承担的任务、卫星轨道需求、备选地点的自然和社会经济情况等，综合论证后，最终寻找出最优方案。

【问题二】前面提到，航天发射基地的选址考虑的因素包括气候、地形等自然条件。气候通常要求天气晴朗干燥。而文昌发射基地选址海南，属于热带季风气候，湿润多雨，不会对发射基地的建设带来负面影响吗？另外，海南山地为主的地形是否会影响发射基地的建设呢？

建于我国南方热带地区的文昌卫星发射基地，是继酒泉、西昌、太原卫星发射中心之后，我国建设的第四个卫星发射基地。该发射基地的建设，最明显的一个优势就是地理区位优势。纬度越低的发射场，运载火箭在发射时获得的初速度越大，发射的有效载荷成本越低。将发射场从纬度较高的内陆地区"搬"到纬度较低的沿海地区，符合这样的区位优势。

考虑发射基地的选址，备选地点不可能满足我们所需要的全部优势条件，最终的决策，往往是利益最大化的结果。我国早期的三大发射场，均存在一些不利之处。比如交通运输条件就是制约三大发射场的条件之一。首先，三大发射场的纬度偏高，发射卫星的火箭动力不如纬度较低的地区强，因此火箭直径不能超过 3.35m。中国现有的 3.2m 直径火箭可以勉强通过山中隧道。其次，目前运载火箭越做越大，在内陆地区很多桥梁涵洞通过困难，造成运输不便。

文昌发射基地也同样具有一定的短板。这里不仅地处热带季风气候区，临近海洋，湿度大，云雾多，而且会受到雷电、强降雨等极端天气和台风等气象灾害的威胁，发射窗口比较"窄"。

当然，文昌虽然雨量丰富，但是雨季较为集中，5~10 月的降水可以达到全年降水量的 80%。随着科学技术的进步，科学家们逐步攻克了地基止水、建筑抗风、防腐防雷等复杂自然条件下的重大工程建设施工技术难题，保障了文昌发射基地的顺利建设。

　　从海南岛整体看，该岛屿以山地地形为主，地势中间高，四周低。但是我们建设的发射基地并非铺到整个海南岛上，而只是在海南岛上选择一个适合的地点即可。当我们把区域尺度缩小，使用大比例尺地图来观察，就会发现，与太原卫

星发射基地和西昌卫星发射基地相比，文昌位于海南岛东北部，属于平原地形。地形条件具有一定的优势。

【问题三】如此看来，文昌发射基地在发射条件上是很有优势的。那么，我国建设了四个航天发射基地，会不会造成资源的浪费呢？

我国四大航天发射基地，沿海和内陆相结合、高低纬度相结合，发射任务分工各不相同。酒泉卫星发射中心主要承担返回式卫星、载人航天工程等发射任务；太原卫星发射中心主要承担气象、资源、通信、太阳同步轨道卫星和部分国外商业卫星等发射任务；西昌卫星发射中心主要承担地球同步轨道卫星和应急发射任务等；文昌卫星发射中心主要承担地球同步轨道卫星、大质量极轨卫星、深孔探测航天器、大吨位载人空间站以及货运飞船等发射任务。感兴趣的同学，可以进一步查阅上述各大卫星发射基地曾经成功发射过哪些系列的卫星上天。

此外，航天发射基地不仅承担发射卫星的重要任务，而且也具有一定的科研和经济意义。例如酒泉和西昌两个卫星发射中心是面向普通民众开放的。在没有发射任务的时候，可以进到发射场区参观。伴随着航天发射基地的落户，文昌还建设了一个世界级的航天主题公园，作为青少年科普基地和爱国主义教育基地。这也促进了文昌产业结构的调整，带动了当地旅游业及相关产业发展，拉动当地就业，从而促进了当地的经济发展。

📋 **小测试**

（1）我国拥有四大卫星发射中心，在国际上享誉盛名。该四大卫星发射中心按照开始建立时间排序正确的是（　　　）。

A. 酒泉卫星发射中心、西昌卫星发射中心、太原卫星发射中心、文昌卫星发射中心

B. 酒泉卫星发射中心、太原卫星发射中心、西昌卫星发射中心、文昌卫星发射中心

C. 西昌卫星发射中心、酒泉卫星发射中心、太原卫星发射中心、文昌卫星发射中心

D. 太原卫星发射中心、西昌卫星发射中心、酒泉卫星发射中心、文昌卫星发射中心

参考答案：B

（2）下列关于我国四大卫星发射中心的地理环境及发射优势的说法正确的是（　　　）。

A. 酒泉卫星发射中心为温带季风气候，地势平坦，每年约有 300 天可进行发射试验

B. 西昌卫星发射中心纬度低、海拔高，发射倾角好，地空距离短

C. 太原卫星发射中心位于平原地区，地处温带，海拔 1500m 左右

D. 海南文昌卫星发射中心海拔高度低，气流速度大，有利于卫星发射

参考答案：B

（3）2020 年 11 月 24 日 4 时 30 分，在文昌航天发射场，"长征五号遥五"运载火箭将"嫦娥五号"探测器成功发射。与西昌、酒泉、太原发射基地相比，选择文昌作为我国大型航天器发射基地，主要因素是（　　）。

A. 运输能力　　B. 科技力量　　C. 国防安全　　D. 劳动力素质

参考答案：A

案例2　火箭——太空的运输者

❓ 提　问

你们知道那么多颗地球的卫星是如何送到太空的吗？

📖 导　读

齐奥尔科夫斯基说过："地球是人类的摇篮，但人类不会永远生活在摇篮里。"探索宇宙的奥秘，奔向广阔而遥远的太空是人类亘古不变的美好愿望。

1957年10月4日，苏联成功地把世界上第一颗绕地球运行的人造卫星送入轨道，开创了人类历史的新纪元，标志着人类开始走向宇宙。1961年4月12日，苏联空军少校加加林搭乘"东方一号"载人飞船，绕地球运行一周，完成了世界上首次载人宇宙飞行，铸就了人类进入太空的丰碑，加加林也成为了第一个进入太空的人类。1969年7月16日美国"阿波罗11号"点火升空，拉开人类登月的伟大序幕，7月20日，阿姆斯特朗乘"阿波罗11号"飞船登月成功，他登上月球后曾说："对个人来说，这不过是小小的一步，但对人类而言，却是巨大的飞跃。"这是人类凭借自身的力量第一次踏足宇宙中其他的星球，是人类科学发展史上的一座里程碑。1970年4月24日，中国发射了第一颗人造地球卫星"东方红一号"，中国从此成为世界上第五个自行研制和发射人造卫星的国家，中国人自此叩开了通往浩瀚宇宙的大门。2003年10月15日，中国"神舟五号"宇宙飞船，将中国第一位航天员杨利伟送入太空，标志着中国成为世界上第三个能够独立开展载人航天活动的国家。2008年9月25日，航天员刘伯明与翟志刚、景海鹏一起执行"神舟七号"飞行任务，9月27日，在刘伯明和景海鹏的协助下翟志刚顺利出舱，实现了中国的首次太空行走。2020年7月23日，"长征五号遥四"运载火箭在中国文昌航天发射场成功发射，成功将"天问一号"探测器送入预定轨道，迈出了我国行星探测第一步。2021年6月17日，航天员聂海胜、刘伯明、汤洪波先后进入天和核心舱，标志着中国人首次进入自己的空间站。2021年7月4日，航天员刘伯明、汤洪波身穿中国自主研制的新一代"飞天"舱外航天服，先后从天和核心舱节点舱成功出舱，相互配合开展空间站舱外作业，圆满完成出舱活动期间全部既定任务后安全返回。

在人类探索宇宙的历程中，人造卫星、空间探测器、载人飞船、空间站等飞行器扮演着重要的作用，它们统称为航天器。航天器是在太空中沿一定轨道运行并执行一定任务的飞行器，分为无人航天器和载人航天器两大类。人造地球卫星

和空间探测器等属于无人航天器，载人飞船和空间站等属于载人航天器。

　　这些航天器是靠谁送入太空的呢？答案我想大家都知道——火箭。火箭是一种利用反冲力推进的装置，可用作快速远距离运送工具，如作为探空，发射人造卫星、宇宙飞船、空间站的运载工具以及其他飞行器的助推器等。火箭是目前唯一能使物体达到宇宙速度，克服或摆脱地球引力，进入宇宙空间的运载工具。

　　火箭起源于中国。北宋是火药和火器用于战场的较早时期。北宋后期，民间流行的能升空的"流星"（后称为"起火"）就是利用了火药燃气的反作用力，这是世界上最早用于玩赏的火箭。到南宋时，这项技术开始大规模用于战场，出现了最早的军用火箭。到明朝初年，军用火箭已经相当完善并广泛用于战场，被称为"军中利器"。明代初期兵书《火龙神器阵法》和明代晚期兵书《武备志》以及其他有关中外文献，均详细记载了中国古代火箭的使用情况，其中《武备志》就绘有"火龙出水"图，这是二级火箭的雏形。明朝火箭多达几十种，其中有战时用的军用火箭、信号火箭，也有民间用的娱乐火箭。在第二次世界大战之后，近代火箭才出现并快速发展起来的。

20 世纪 50 年代中期，毛主席和党中央发出"向科学进军"的号召，我国航天事业开始起步。我国的运载火箭主要是在中远程导弹和洲际导弹的基础上发展起来的。1964 年 6 月 29 日，我国独立研制的中近程导弹发射成功。此后，导弹核武器发射试验成功，中程导弹、中远程导弹、远程导弹飞行试验基本成功，这一切为我国战略导弹技术的发展奠定了坚实的基础。我国目前所使用的运载火箭主要以长征系列运载火箭为主。自 1970 年 4 月 24 日"长征一号"运载火箭首次成功发射我国第一颗人造卫星"东方红 1 号"以来，我国历经 50 年的努力研究，终于成功研制和发展了长征系列运载火箭，在航天技术领域获得了一席之地。

⮀ 基础理论和知识介绍

1. 力的作用

人们对力的认识开始于从事生产劳动过程中的肌肉紧张，对于这种认识的扩展和提炼，形成了物理学中力的概念。力的科学概念是由意大利物理学家伽利略提出的，牛顿继承和发展了伽利略对力的科学概念的认识，首次给出了力的定义——力是物体对物体的作用。

牛顿于 1687 年在《自然哲学的数学原理》一书中提出：一个物体对另一个物体施加力的作用时，这个物体同样会受到另一个物体对它的力的作用，我们把这个过程中出现的两个力分别叫做作用力和反作用力。作用力和反作用力总是大小相等，方向相反，作用在同一条直线上。这就是牛顿第三定律。

牛顿第三定律的应用非常广泛。比如两个拳头相碰，左侧拳头给右侧拳头作用力 F 的同时，右侧拳头也会对左侧拳头有作用力 F'（见图 3-3）。在轨道上运行的卫星会受到地球的吸引，同时地球也会受到卫星的吸引，地球和卫星之间的作用也是相互的（见图 3-4）。还比如人走路、汽车向前运动、喷气式飞机的飞行无不与此规律有关。

火箭的升空也是牛顿第三定律的应用（见图 3-5）。火箭发射过程中，火箭对燃气产生作用力的同时，燃气对火箭也会产生巨大的作用力。火箭就是借助这个巨大的推动力上升的。

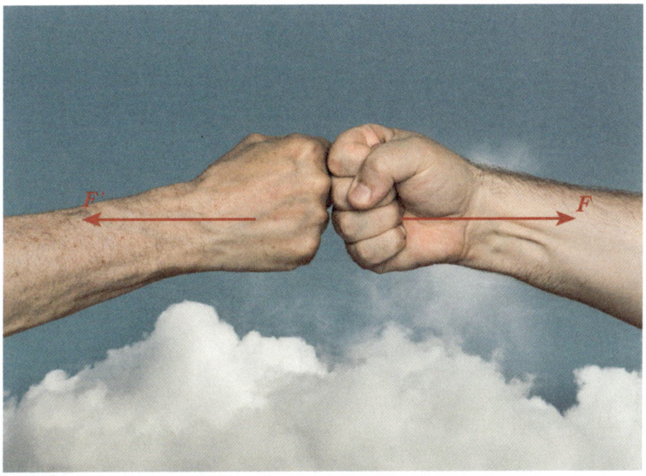

图 3-3　两个拳头相碰

图 3-4　地球和卫星之间的作用

图 3-5　火箭的升空

2. 反冲运动

如果一个静止的物体在内力的作用下分裂为两部分，一部分向某个方向运动，则另一部分必然向相反的方向运动，这个现象叫做反冲。

反冲运动是系统内力作用的结果，虽然有时候系统所受的外力矢量和不为

0，但由于系统内力远远大于外力，所以系统总动量可视为守恒的，在同一个参考系中，可以用动量守恒定理来求解反冲的相关问题。显然，在反冲现象里，系统的动量是守恒的，机械能是增加的，有其他形式的能量向机械能转化。

　　实际生活中，章鱼的运动（见图3-6）、喷气式飞机（见图3-7）、反击式水轮车、节日燃放的礼花、火箭的升空都是利用反冲的原理。

图3-6　章鱼的运动

图3-7　喷气式飞机

科学计算

1. 利用反冲运动的原理计算火箭的收尾速度

　　现代火箭的构造比较复杂，以"长征三号甲"火箭为例，其属于液体火箭，结构如图3-8所示，主要由整流罩、人造卫星、卫星支架、仪器箱、液氢箱、液氧箱、发动机和尾翼组成，需要分离的部分有分离连接装置。整流罩的作用是当运载火箭在大气中飞行时，用于保护卫星及其他有效载荷，以防止卫星受气动力、气动加热及声震等有害因素的影响。人造卫星是人类建造，被火箭发射到太空中，绕地球或其他星球运动的装置。卫星支架的作用是支撑卫星。仪器箱用于放置各种仪器。液氢箱用于存储高能低温的液氢燃料。液氧箱用于存储助燃物液氧。发动机用于提供升力。尾翼起稳定火箭飞行的作用。

　　总的来说，现代火箭主要由壳体和燃料两大部分组成，壳体是圆筒形的，前端是封闭的尖顶，后端有喷管，燃料燃烧时产生的高温高压气体以很大的速度向

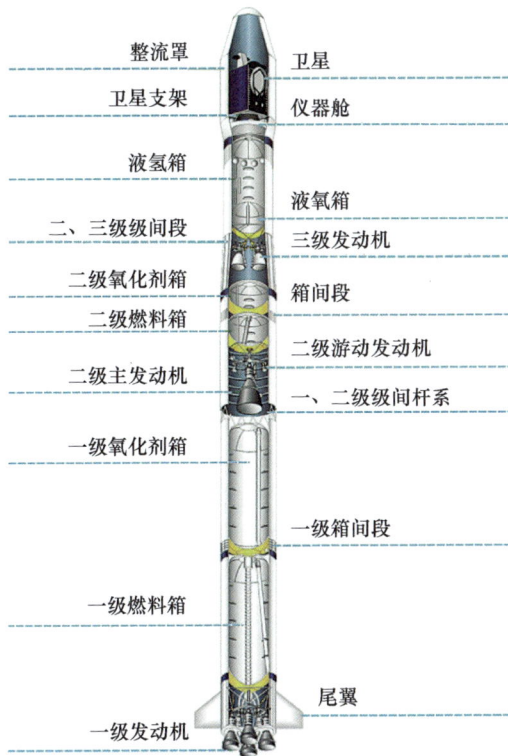

图 3-8　长征三号甲火箭结构

后喷射，由于动量守恒，火箭就会不断地受到向前的推力作用，从而获得巨大的速度。随着火箭的上升，其内燃料在不断消耗，总质量也在不断的减小。

设 t 时刻火箭的总质量为 m，以地面为参考系时火箭具有向上的速度 v。在下一时刻 $t + \Delta t$，由于火箭喷出燃气，此时火箭的质量变为 $m + \Delta m$，其中 $\Delta m <$ 0，速度变化量为 Δv，而喷出的燃气相对于火箭主体的速度为 u，方向与火箭运动方向相反。若忽略外力（重力、空气阻力），则火箭运动过程中满足动量守恒。取向上方向为正，有以下关系：

$$mv = (m + \Delta m)(v + \Delta v) - \Delta m(v + \Delta v - u)$$

整理得：

$$m\Delta v = -\Delta m u$$

当 $\Delta t \to 0$ 时，有：

$$\lim_{\Delta t \to 0} m \frac{\Delta v}{\Delta t} = \lim_{\Delta t \to 0} \frac{\Delta m}{\Delta t} u$$

$$m \frac{dv}{dt} = -\frac{dm}{dt} u \tag{3-1}$$

式中，$|\mathrm{d}m/\mathrm{d}t|$ 为火箭主体质量的减小率，也就是燃料的消耗率；$\mathrm{d}v/\mathrm{d}t$ 为 t 时刻火箭加速度，由牛顿第二定律可知，喷出火箭的反作用力即为火箭的推力，即

$$F_{推} = ma = -\frac{\mathrm{d}m}{\mathrm{d}t}u = \left|\frac{\mathrm{d}m}{\mathrm{d}t}u\right|$$

火箭喷气速度 u 由火箭发动机决定，一般为 2000~4000m/s。由于燃料消耗率 $|\mathrm{d}m/\mathrm{d}t|$ 和喷气速度 u 是不变的，如果不考虑空气阻力的变化，则火箭受到的推力 $F_{推}$ 是不变的。随着火箭不断喷出气体，其主体质量 m 不断减小，故其加速度不断增大，直至火箭燃料全部燃尽，火箭达到最大速度。

下面让我们来算一算火箭能够达到的最大速度与谁有关吧！

由式（3-1）整理得：

$$\mathrm{d}v = -\frac{\mathrm{d}m}{m}u \tag{3-2}$$

设火箭 t 时刻速度为 v_0，质量为 m_0，当火箭的燃料消耗完，火箭速度为收尾速度 v_t，质量为 m_t。将式（3-2）两边积分得：

$$\int_{v_0}^{v_t}\mathrm{d}v = -u\int_{m_0}^{m_t}\frac{1}{m}\mathrm{d}m$$

解得：

$$v_t = v_0 + u\ln\frac{m_0}{m_t}$$

如果火箭初始速度为 0，则火箭最终获得速度 v_t 可以表示为：

$$v_t = u\ln\frac{m_0}{m_t}$$

通常我们规定火箭起飞时的质量 m_0 与火箭燃料外的箭体质量 m_t 之比称为火箭的质量比。可见，火箭最终获得速度（最大速度）与喷气相对于火箭主体速度 u 有关，也与火箭始末时刻质量之比 m_0/m_t 有关。

$y = \ln x (x > 0)$ 的函数图像如图 3-9 所示，该函数为增函数。由于火箭一直在消耗燃料有 $m_0 > m_t$，故 $m_0/m_t > 1$，当火箭喷射燃料速度 u 一定时，质量比越大，则火箭速度越大，反之则速度越小。

目前，现代火箭想提高发射速度，通过增大喷气速度 u 是比较困难的，科研人员需要在减轻火箭质量（提高火箭的质量比 m_0/m_t）上面下功夫。但质量比也并非越高越好，一般地，火箭的质量比小于 10，质量比太高时火箭结构的强度就会有问题。

航天器要获得飞出地球所需的速度，靠单级运载火箭的推力目前难以达到。为此，苏联科学家齐奥尔科夫斯基（1857~1935 年）提出了多级运载火箭的概念。把火箭一级一级地连在一起，第一级燃料用完之后就把箭体抛弃，减轻负

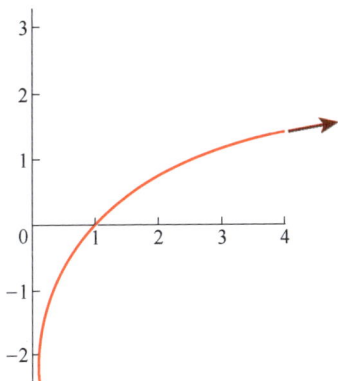

图 3-9　$y = \ln x (x > 0)$ 的函数图像

重，然后第二级开始工作，这样一级一级的连起来，火箭就可以实现不断地提高速度。但是实际应用中，火箭的级数也不是越多越好，一般不会超过四级，因为级数太多时，连接机构和控制机构的质量会增加很多，工作的可靠性也会降低。

2. 三个宇宙速度

人造卫星之所以能围绕地球运行是因为有恰当的速度。如果速度不够大，就会落回地面；如果速度过大，则会脱离地球引力场或太阳引力场。人们通常把航天器达到环绕地球、脱离地球和飞出太阳系所需要的最小发射速度，分别称为第一宇宙速度（环绕速度）、第二宇宙速度（脱离速度）和第三宇宙速度（太阳的逃逸速度）。

（1）第一宇宙速度。航天器沿地球表面做圆周运动时必须具备的发射速度称为第一宇宙速度，这是最大的环绕速度，同时也是最小的发射速度，以下记为 v_1。

设地球质量为 M，卫星质量为 m，地球半径为 R，万有引力常数 G，地球表面重力加速度 g。在以地球为半径的轨道上运行的速度，万有引力 $F_{万}$ 提供卫星做匀速圆周运动的向心力 F_n。

$$F_{万} = F_n$$

$$G \frac{Mm}{R^2} = m \frac{v_1^2}{R}$$

引力常量 $G = 6.67 \times 10^{-11} \mathrm{Nm^2/kg}$，代入地球半径 R 为 6400km，g 为 $9.8 \mathrm{m/s^2}$，可得：

$$v_1 = \frac{\sqrt{GM}}{R} = 7.9 \mathrm{km/s} \tag{3-3}$$

（2）第二宇宙速度。当航天器超过第一宇宙速度 v_1 达到一定值时，它就会脱离地球的引力场而成为围绕太阳运行的人造行星，这个速度就叫做第二宇宙速度，亦称脱离速度。所谓摆脱地球束缚，就是几乎不受来自地球的万有引力作用。

记第二宇宙速度为 v_2，设地球质量为 M，卫星质量为 m，地球半径为 R，万有引力常数 G，地球表面重力加速度 g。当飞船与地心的距离为 r 时，地球对航天器的引力大小为 $x = \dfrac{GMm}{r^2}$，发射后全部动能转化为引力势能使卫星跑到离地球无穷远处（机械能守恒）。

引力势能为

$$E_p = \int_{x=R}^{+\infty} \frac{GMm}{x^2} \mathrm{d}x = -\frac{GMm}{R} = \frac{1}{2}mv_2^2 \tag{3-4}$$

飞船以速度 v_2 发射到距离地球无穷远处过程中，机械能守恒。即

$$-\frac{GMm}{R} + \frac{1}{2}mv_2^2 = 0 + 0$$

所以

$$v_2 = \sqrt{\frac{2GM}{R}}$$

代入数据可得：

$$v_2 = \sqrt{2}v_1 = 11.2 \mathrm{km/s}$$

（3）第三宇宙速度。第三宇宙速度是能够脱离太阳的引力到达无穷远处的最小速度。这样只需把第二宇宙速度方程中地球的质量换成太阳的质量，地球半径换成地球公转轨道半径，解出速度后，还要再减去地球的公转速度才是最终的第三宇宙速度。因为地球的公转已经提供了一定的动能，况且发射速度都是相对于地球来说的。

以离太阳表面无穷远处为零势能参考面，v_{RE} 为人造天体对太阳的速度，m 为人造天体的质量，R 为平均日地距离，M 为太阳质量，有：

$$\frac{1}{2}mv_{RE}^2 - \frac{GMm}{R} = 0$$

$$v_{RE} = \sqrt{\frac{2GM}{R}} = 42.2 \mathrm{km/s}$$

地球绕太阳的公转速度为：

$$v = 29.8 \mathrm{km/s}$$

$$v' = v_{RE} - v = 42.2 - 29.8 = 12.4 \mathrm{km/s}$$

设 R' 为地球半径，M' 为地球质量，又由于发射时必须克服地球引力做功，因此由机械能守恒定律有：

$$\frac{1}{2}mv^2 - \frac{GM'm}{R'} = \frac{1}{2}mv'^2$$

因为

$$\frac{GMm}{R} = \frac{1}{2}mv_2^2$$

所以

$$\frac{1}{2}mv^2 - \frac{1}{2}mv_2^2 = \frac{1}{2}mv'^2$$

解得：

$$v = \sqrt{v_2^2 + v'^2} = 16.7\text{km/s} \qquad (3-5)$$

　　三个宇宙速度均是发射卫星过程中的不同临界状态，当发射速度 v 与三个宇宙速度分别满足以下关系时，将会出现不同的情况（见图 3-10）：

　　（1）当 $v < v_1$ 时，被发射物体将落回地面。

　　（2）当 $v_1 \leqslant v < v_2$ 时，被发射物体将环绕地球运动，成为地球卫星。

　　（3）当 $v_2 \leqslant v < v_3$ 时，被发射物体将脱离地球束缚，成为环绕太阳运动的"人造行星"。

　　（4）当 $v \geqslant v_3$ 时，被发射物体将从太阳系中逃逸。

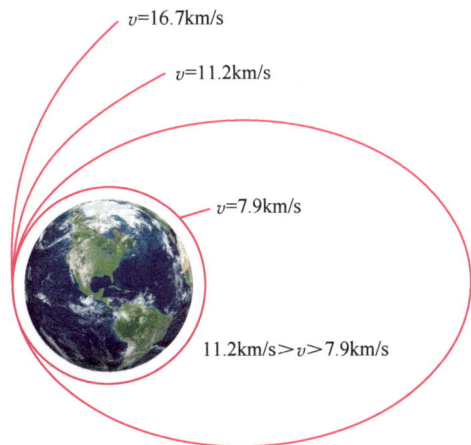

图 3-10　三大宇宙速度

🜨 科学实验

1. 反冲现象是生活中常见的现象，下面通过几个实验，同学们感受一下反冲吧!

（1）气球实验。

用手捏住一个充满气的气球，如图 3-11 所示，松开手，观察气球会做怎样的运动。大家可以试一试，松开手后，气球内部的气体快速地喷出，气球迅速地向喷气的反方向运动。

（2）旋转的锥形壶。

如图3-12所示，将一个上端开口、内部空心的锥体容器倒置着固定在铁架上，锥体下部安装两个与容器内壁相通的水平方向的弯管（两个管口喷水方向一致），现逐渐地将容器中注满水。可以观察到锥体内的水从两个弯管口流出，同时带动着锥体沿着反方向旋转起来。

图3-11　用手捏住充满气的气球

图3-12　旋转的锥形壶

与这个实验非常相似的应用就是灌溉用的喷水器（如图3-13所示），一个喷水装置上有4个可以同方向喷水的口，工作时，水从4个喷水口同时喷出，从而带动着喷水装置向反方向转动起来，这样距离喷水装置不远的整个区域都在喷水的范围内，达到灌溉植物的目的。

（3）火箭实验。我国古代的火箭如图3-14所示，在箭上扎一个火箭筒，火箭筒的前端是封闭的，火药点燃后生成的燃气以很大的速度从火药筒的尾部向下喷出，火箭就反冲而向上运动。

实验：用薄铝箔卷成一个细管，一端封闭另一端留一个很细的口，将火柴刮下的药粉碾碎装入细管，再将细管放置在水平地面或者支架上，用火柴给细管加热，如图3-15所示，这就是火箭原理的模型。当温度升高到火柴头的燃点时，薄铝箔中的药粉便被点燃，使周围空气急剧膨胀，气体从尾口高速喷出。

现象：细管会向尾口的反方向飞出。

（4）反冲小船。取一个药瓶，在盖上钻一小孔（瓶盖与瓶子需密封），再取一

图 3-13　灌溉喷水器

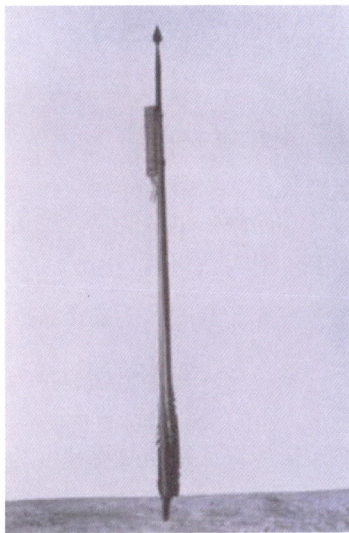

图 3-14　中国古代火箭

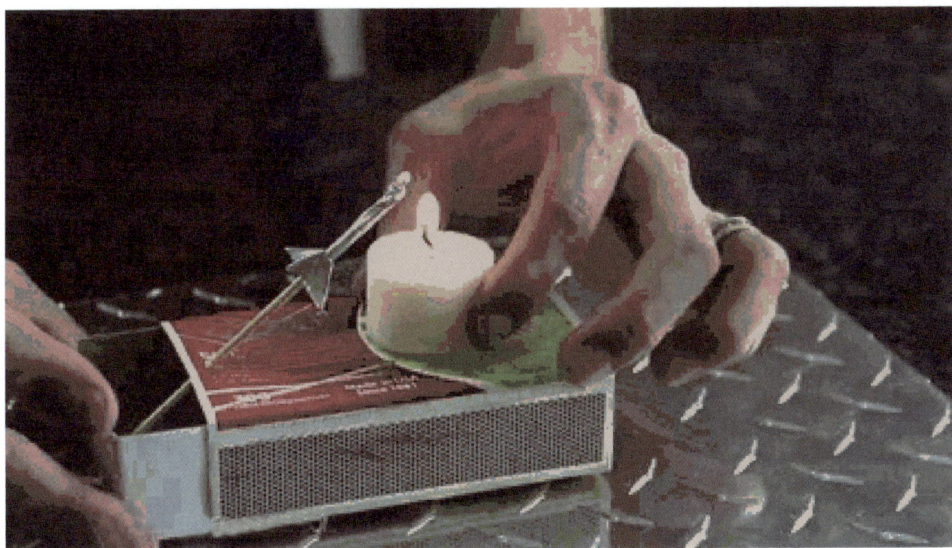

图 3-15　薄铝箔火箭的发射

块厚泡沫塑料，参照图 3-16 做成船的样子，并在船上挖一凹坑以容纳盛酒精的容器（可用金属瓶盖）。用两段铁丝，弯成环状以套住瓶的两端，并将铁丝的端头分别插入船中，将一棉球放入容器中，并倒入少量酒精，在瓶中装入半瓶开水。将船放入水中，点燃酒

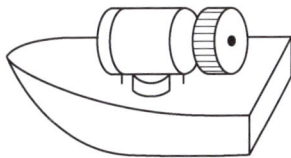

图 3-16　反冲小船

精棉球后一会儿瓶中水沸腾产生大量水蒸气，当水蒸气从药瓶盖的孔中喷出时，小船便能勇往直前了。

小记者提问

【问题一】阿波罗月球火箭第一级点火时总质量 $m_0 = 2.94 \times 10^6 \mathrm{kg}$，熄火时质量为 $m_t = 0.79 \times 10^6 \mathrm{kg}$，第一级火箭燃料的质量为多少？假设火箭喷射相对速度为 $u = 2.8 \mathrm{km/s}$，请计算第一级火箭的收尾速度。

第一级火箭燃料的质量为：

$$m = m_0 - m_t = 2.94 \times 10^6 - 0.79 \times 10^6 = 2.15 \times 10^6 \mathrm{kg}$$

第一级火箭的收尾速度为：

$$u_t = u\ln\frac{m_0}{m_t} = 2.8\ln\frac{2.94}{0.79} = 3.68 \mathrm{km/s}$$

这个结果的得出是在忽略火箭重力和阻力的情况下的理想结果，实际发射火箭时重力和阻力不可忽略，土星火箭第一级工作时间是161s，假设火箭在升空过程中是竖直方向且重力加速度恒定，则第一级火箭熄火时的速度为：

$$u_t = u\ln\frac{m_0}{m_t} - gt = 2.8\ln\frac{2.94}{0.79} - 1.61 = 2.07 \mathrm{km/s}$$

实际上火箭升空过程中轨迹并不是竖直向上，而是曲线上升，所以重力的作用要比竖直上升的情况要小，真实的火箭第一级在熄火时速度约为2.75km/s。

【问题二】科幻电影《流浪地球》中讲述了人类想方设法让地球脱离太阳系的故事。地球流浪途中在接近木星时，被木星吸引，在地球快要撞击木星的危险时刻，点燃木星产生强大气流推开地球拯救了地球。若逃逸前，地球、木星沿各自的椭圆轨道绕太阳运行，且航天器在地球表面的重力为 G_1，在木星表面的重力为 G_2，地球和木星均可视为球体，其半径分别为 R_1 和 R_2，下列说法哪个正确？

A. 地球逃逸前，发射的航天器逃出太阳系的最小速度为 11.2km/s

B. 木星与地球的第一宇宙速度之比为 $\sqrt{\dfrac{G_2 R_1}{G_1 R_2}}$

C. 地球与木星绕太阳公转周期之比的3次方等于它们轨道半长轴之比的2次方

D. 地球与木星的质量比为 $\dfrac{G_1 R_1^2}{G_2 R_2^2}$

参考答案：D

A 选项：逃离太阳系的最小速度是第三宇宙速度，即 $v_3 = 16.7\text{km/s}$。

B 选项：在星球表面的环绕速度为第一宇宙速度 v_1，对地球来说 $G_1 = m\dfrac{v_{1\text{地}}^2}{R}$，解得地球上第一宇宙速度为 $v_{1\text{地}} = \sqrt{\dfrac{G_1 R_1}{m}}$。同理，木星上的第一宇宙速度为 $v_{1\text{木}} = \sqrt{\dfrac{G_2 R_2}{m}}$，所以木星与地球的第一宇宙速度比为：$\dfrac{v_{1\text{木}}}{v_{1\text{地}}} = \sqrt{\dfrac{G_2 R_2}{G_1 R_1}}$，故 B 错误。

C 选项：由开普勒第三定律的定义可知，地球与木星绕太阳公转周期之比的 2 次方等于它们轨道半长轴之比的 3 次方，故 C 错误。

D 选项：由万有引力定律可知，在地球上 $G_1 = G\dfrac{M_{\text{地}} m}{R_1^2}$，$M_{\text{地}} = \dfrac{G_1 R_1^2}{Gm}$。同理可得：$M_{\text{木}} = \dfrac{G_2 R_2^2}{Gm}$，则地球与木星质量之比为 $\dfrac{M_{\text{地}}}{M_{\text{木}}} = \dfrac{G_1 R_1^2}{G_2 R_2^2}$，所以 D 正确。

【问题三】2019 年，我国为"长征九号"研制的大推力新型火箭发动机联试成功，这标志着我国重型运载火箭的研发取得突破性进展。若某次实验中该发动机向后喷射的气体速度约为 3km/s，产生的推力约为 $4.8 \times 10^6 \text{N}$，则它在 1s 时间内喷射的气体质量约为多少呢？

【分析】根据牛顿第三定律，喷出气体对火箭的推力与火箭对该气体的推力是一对相互作用力，即气体受到的火箭的作用力为 $4.8 \times 10^6 \text{N}$。以 1s 内喷出的气体为研究对象，设气体的质量为 m，根据动量定理可得：

$$Ft = mv$$

气体的质量为：

$$m = \frac{Ft}{v} = \frac{4.8 \times 10^6 \times 1}{3000} = 1.6 \times 10^3 \text{kg}$$

【问题四】由开普勒定律可知：所有行星绕太阳运动的轨道都是椭圆，太阳处在椭圆的一个焦点上；所有行星的轨道半长轴的 3 次方跟它的公转周期的 2 次方的比值都相等。已知地球公转周期为 12 个月，如图 3-17 所示，我国首个火星探测器"天问一号"于 2020 年 7 月 23 日由地球公转轨道上的 H 点开始发射（即瞬间加速，加速时间可忽略），此后探测器仅在太阳引力作用下，经霍曼

转移轨道在 I 点到达火星。请根据上述信息推断"天问一号"到达火星的时间。请查阅资料，结合"天问一号"真实到达时间，对推断时间给出评价。（可能需要用到的数据： $\sqrt{1.25^3} \approx 1.40$ ）

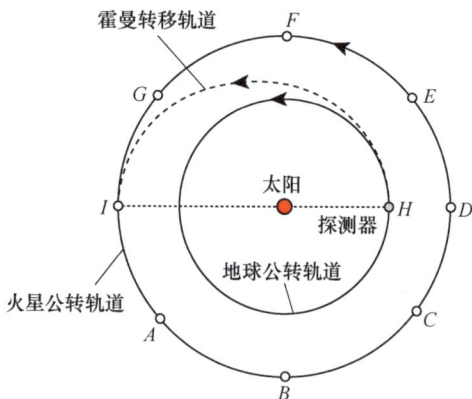

图 3-17　霍曼转移轨道

　　为了简化问题，可以认为地球和火星在同一平面上绕太阳做匀速圆周运动，火星轨道半径约为地球轨道半径的 1.5 倍。从地球表面向火星发射火星探测器，简单又比较节省能量的发射过程可简化为：先在地球表面使探测器加速并获得足够的动能，从而摆脱地球引力势阱的束缚，经过一系列调整使探测器成为一颗沿地球公转轨道运行的人造行星；然后使探测器在适当位置加速，经椭圆轨道（霍曼转移轨道）到达火星。用时约为地球公转周期的 7/10，即 8.4 个月左右，因此"天问一号"将于 2021 年 4 月初到达火星。火星与地球半径不是严格的 1.5 倍关系，火星和地球的公转轨道实际不共面，实际火星轨道为椭圆轨道等，这些建模过程中忽略的因素都会对结果造成影响。

　　【问题五】有人设想：可以在飞船从运行轨道进入返回地球程序时，借飞船需要减速的机会，发射一个小型太空探测器，从而达到节能的目的。如图 3-18 所示，飞船在圆轨道 I 上绕地球飞行，其轨道半径为地球半径的 k 倍（$k>1$）。当飞船通过轨道 I 的 A 点时，飞船上的发射装置短暂工作，将探测器沿飞船原运动方向射出，并使探测器恰能完全脱离地球的引力范围，即到达距地球无限远时的速度恰好为零，而飞船在发射探测器后沿椭圆轨道 II 向前运动，其近地点 B 到地心的距离近似为地球半径 R。以上过程中飞船和探测器的质量均可视为不变。已知地球表面的重力加速度为 g。

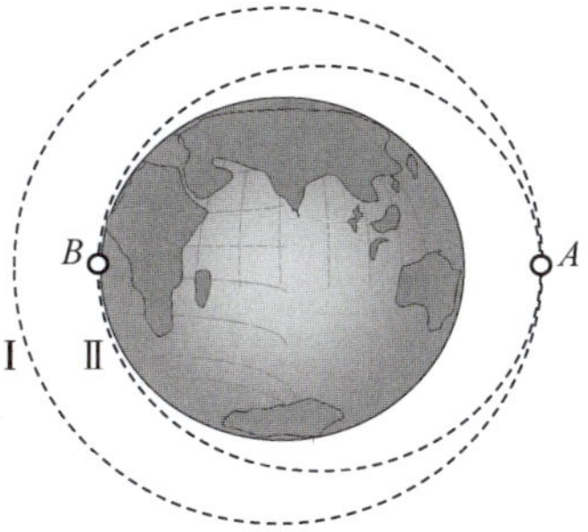

图 3-18　飞船飞行轨道

（1）求飞船在轨道 I 运动的速度大小；

（2）若规定两质点相距无限远时引力势能为零，则质量分别为 M、m 的两个质点相距为 r 时的引力势能 $E_p = -\dfrac{GMm}{r}$，式中 G 为引力常量。飞船在沿轨道 I 和轨道 II 的运动过程中，动能和引力势能之和保持不变；探测器被射出后的运动过程中，其动能和引力势能之和也保持不变。

①求探测器刚离开飞船时的速度大小；

②已知飞船沿轨道 II 运动过程中，通过 A 点与 B 点的速度大小与这两点到地心的距离成反比。根据计算结果说明为实现上述飞船和探测器的运动过程，飞船与探测器的质量之比应满足什么条件。

（1）设地球质量为 M，飞船质量为 m，探测器质量为 m'，飞船与探测器一起绕地球做圆周运动时的速度为 v_0。

根据万有引力定律和牛顿第二定律有：

$$\frac{GM(m+m')}{(kR)^2} = (m+m')\frac{v_0^2}{kR}$$

对于地面附近的质量为 m_0 的物体有：

$$m_0 g = GMm_0/R^2$$

解得：

$$v_0 = \sqrt{\frac{gR}{k}}$$

（2）①设探测器被发射出时的速度为 v'，因其运动过程中动能和引力势能之和保持不变，所以探测器刚好脱离地球引力应满足：

$$\frac{1}{2}m'v'^2 - \frac{GMm'}{kR} = 0$$

解得：

$$v' = \sqrt{\frac{2GM}{kR}} = \sqrt{2}v_0 = \sqrt{\frac{2gR}{k}}$$

②设发射探测器后飞船在 A 点的速度为 v_A，运动到 B 点的速度为 v_B，因为其运动过程中动能和引力势能之和保持不变，所以有：

$$\frac{1}{2}mv_B^2 - \frac{GMm}{R} = \frac{1}{2}mv_A^2 - \frac{GMm}{kR}$$

对于飞船发射探测器的过程，根据动量守恒定律有 $(m+m')v_0 = mv_A + m'v'$。

因为飞船通过 A 点与 B 点的速度大小与这两点到地心的距离成反比，即 $Rv_B = kRv_A$，所以解得：

$$\frac{m}{m'} = \frac{\sqrt{2}-1}{1-\sqrt{\frac{2}{k+1}}}$$

小测试

（1）火箭发射时，最小的发射速度为（　　　）。

A. 11.6km/s　　　　B. 7.9km/s　　　　C. 11.2km/s　　　　D. 16.7km/s

参考答案：B

（2）2020 年 7 月 23 日，（　　　）火箭在中国文昌航天发射场，成功发射首次火星探测任务"天问一号"探测器，成功将探测器送入预定轨道，迈出了我国行星探测第一步。

A. "长征一号"运载火箭　　　　B. "长征五号遥四"运载火箭

C. "长征三号乙"运载火箭

参考答案：B

（3）火箭最终获得的最大速度与哪些因素有关？（　　　）

A. 火箭的喷气速度　　　　B. 火箭携带的燃料的质量

C. 火箭的总质量　　　　D. 火箭初始质量与最终质量之比

参考答案：AD

案例 3　火箭推进剂的选择

? 提 问

同学们，你们知道火箭"逃离"地球，遨游太空的动力来自于谁吗？

导 读

中国古代发明的黑火药，是世界上最早的火箭推进剂。20 世纪 40 年代到 50 年代，仅 10 年间，各种火箭推进剂如雨后春笋般涌现出来（见表 3-5）。我国于 1965 年才全面铺开运载火箭的研制工作。但国内科学家不畏艰难，历时 5 年，1970 年 4 月 24 日，"长征一号"搭载着"东方红一号"胜利完成发射任务！这标志着中国开始踏上航空航天的国际赛道！

表 3-5　火箭推进剂简介

研制时间	类型	组　成	涉及的化学反应
20 世纪 20 年代	液体推进剂	煤油-液氧	煤油的主要成分为烃，其在氧气中反应方程式可表达为： $C_xH_y + \left(x + \dfrac{y}{4}\right)O_2 = xCO_2 + \dfrac{y}{2}H_2O$
20 世纪 40 年代	液体推进剂	酒精（C_2H_5OH）和液氧	$C_2H_5OH + 3O_2 = 2CO_2 + 3H_2O$
	固体推进剂	高氯酸钾（$KClO_4$）和沥青的复合推进剂	
	固体推进剂	聚硫橡胶 $[(CH_2CH_2S_4)_n]$、高氯酸铵（NH_4ClO_4）、铝粉（Al）的第二代复合推进剂	高氯酸铵分解反应原理为： $2NH_4ClO_4 = N_2\uparrow + Cl_2\uparrow + 4H_2O\uparrow + 2O_2\uparrow$，产生的 Cl_2、O_2 将聚硫橡胶、铝粉氧化，铝粉氧化（$4Al + 3O_2 = 2Al_2O_3$）时放出热量较多且快速，又促发高氯酸铵分解，产生大量高热的气体，推动火箭升空
20 世纪 50 年代	固体推进剂	高分子聚氯乙烯、聚氨酯、聚丁二烯-丙烯酸、聚丁二烯-丙烯酸-丙烯腈、端羧基聚丁二烯等	

续表 3-5

研制时间	类型	组　成	涉及的化学反应
20 世纪 60 年代	液体推进剂	液氧、四氧化二氮（N_2O_4）	四氧化二氮和肼（N_2H_4）接触后发生自燃，反应原理为： $N_2O_4 + 2N_2H_4 = 3N_2\uparrow + 4H_2O\uparrow$
		液氢（H_2）和混肼	偏二甲肼（$C_2H_8N_2$）和四氧化二氮反应的化学方程式为： $C_2H_8N_2 + 2N_2O_4 = 2CO_2\uparrow + 3N_2\uparrow + 4H_2O\uparrow$

　　"长征一号"是一枚三级火箭，一、二级是两级液体燃料火箭，第三级采用固体燃料火箭发动机。到了 20 世纪 80 年代，为了扩大航天工业的对外贸易，我国开始尝试让长征运载火箭进入国际发射市场。但受燃料提供的能量有限、燃料重量大等因素影响，我国火箭运载能力受限，在市场竞争中处于劣势。如何改进呢？

　　专家们想到将几枚装有发动机的小火箭捆绑在火箭的侧面，当小火煎的燃料燃尽后可自行脱落。这样既解决了燃料功能不足的问题，又解决了火箭重量大的问题。在各位专家的通力协作下，历时 18 个月，"长征二号 E"，也就是俗称"长二捆"的运载火箭便诞生了，它是我国第一型捆绑式运载火箭！之后，在其已有基础上，制得了安全性和可靠性都大大提高的"长征二号 F"。它于 2003 年 10 月 15 日，成功将中国第一位航天员杨利伟送入太空，圆了中华民族多年的"飞天梦"。之后它又以 100% 的发射成功率将多艘神舟飞船、十多名航天员和多个空间实验室送入了太空，为我国的航天事业的发展添上了浓墨重彩的一笔。可见推进剂的研究对火箭事业的发展起到决定性的作用。

扫描二维码看"长征二号 E、F"信息

　　以"长征七号"为例，其所用燃料为四氧化二氮–偏二甲肼。其中的偏二甲肼是一种剧毒物质，具有致癌、致畸和致突变效应，在生产、运输、贮存及使用过程均可能发生泄漏而进入环境，造成土壤、水、大气的污染，对生态环境和人类健康安全带来巨大隐患。因此，科学家又一头扎进新型绿色燃料的研究领域。从 2017 年到 2020 年，成功执行近 30 次任务的"劳模"——"长征三号 B"便以绿色的液氧液氢为推动剂；"长征十一号"使用了新型固体燃料等。

　　同学们，通过了解推进剂的发展历史以及观看火箭发射的过程，你能说出推进剂需具备哪些特点吗？

扫描二维码观看视频

基础理论和知识介绍

1. 化学反应与能量

若期待助推剂通过化学反应产生推动力，对火箭做功，则要求助推剂所发生的反应对外释放能量。我们常见的放热反应便是燃烧反应了！燃烧反应是可燃物与氧化剂作用发生的放热反应，通常伴有火焰、发光和（或）发烟的现象。如果在有限空间迅速放出大量的热，便可引发爆炸。若我们合理控制其反应速率，使其按照一定规律释放热量，就可以利用该反应产生的能量推送火箭升空。但只有燃烧反应可对外放热吗？是否存在吸热的反应呢？是否所有反应都伴随着吸热或者放热的变化呢？

事实上，所有化学反应都伴随能量的变化，而能量又往往以热能的形式体现出来。我们把对外释放热量的反应称为放热反应，把从外界吸收热量的反应称为吸热反应。

宏观上，一个确定的化学反应在发生过程中是吸收能量还是放出能量，取决于反应物的总能量与生成物的总能量的相对大小，如图 3-19 所示。这对我们选择火箭推进剂有何帮助呢？

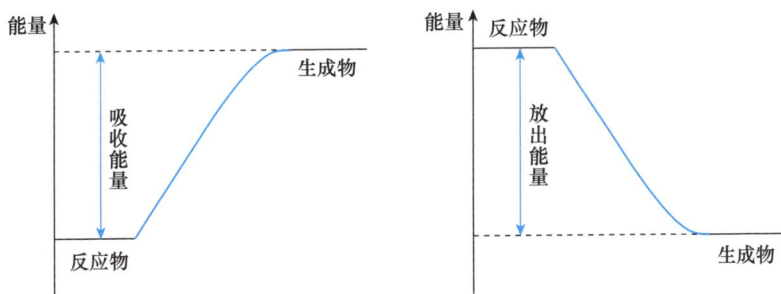

图 3-19　反应物与生成物总能量变化

比冲是衡量火箭发动机效率的指标。常见的火箭推动剂的比冲见表 3-6，可见不同推进剂的比冲差值非常大。比冲越大，发动机效率越高，即利用相同质量的燃料，火箭的射程更远。比冲的小大与单位质量的燃料可释放的能量大小、燃料的燃烧效率等多种因素有关。现在，我们来谈谈如何比较单位质量的燃料可释放的能量大小。目前我们无法测量某物质的总能量，因此也就无法通过计算获得反应物与生成物之间的能量差。那我们是否有其他方法可以将该能量差计算出来呢？这就需要借助微观角度了。

扫描二维码
阅读比冲
相关知识

表3-6 常见火箭推动剂的比冲

推动剂种类	液氧-液氢	H_2O_2-煤油	N_2O_4-N_2H_4（肼）	NH_4ClO_4（高氯酸铵）-HTPB（端羟基聚丁二烯）	NH_4ClO_4-HTPB-Al
比冲/s	457.0	331.0	348	224.0	312.6
推动剂种类	液氧-煤油	液氧-甲烷	液氧-丁烷	液氧-异丙醇	液氧-丙醇
比冲/s	347.0	365.0	255.0	341.0	357.0

以 $H_2 + Cl_2 = 2HCl$ 为例体会如何计算反应前后物质的能量差。微观上，当物质发生化学反应时，断开反应物中的化学键要吸收能量，而形成生成物中的化学键需要放出能量，如图3-20所示。由此可计算出，1mol H_2 和 1mol Cl_2 反应，可释放183kJ能量。断裂或形成化学键对应的能量可通过查阅资料获得，因此理论上，我们可以计算出大部分反应的能量变化。

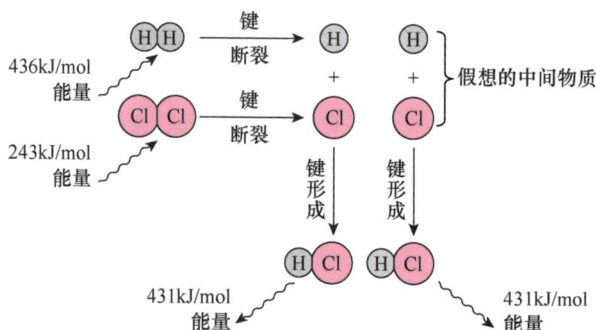

图3-20 H_2 与 Cl_2 反应的微观示意图

2. 影响化学反应速率的因素

我们可能需要火箭按照计划进入不同的太空轨道，这便需要在恰当的时候提供大小和方向精确的助推力。在化学领域，让我们先来解决"大小"问题吧！

单位时间内化学反应释放的能量与其化学反应速率成正比，因此控制能量释放的速率便是控制化学反应速率。对于化学反应来说，当体系为气态或溶液时，可用单位时间内反应物或生成物的浓度（常用物质的量浓度）变化来表示反应的速率，即

$$v = \frac{|\Delta c|}{\Delta t}$$

式中，v 表示反应速率；c 表示各反应物或生成物浓度，Δc 表示其浓度变化（取其绝对值）；t 表示时间，Δt 表示时间变化。

许多实验表明，影响化学反应速率的因素主要有浓度、温度以及催化剂等。

其他条件相同时，增大反应物浓度反应速率增大，减小反应物浓度反应速率减小。例如在蔬菜大棚中提高二氧化碳的含量可以提高植物的光合作用速率，向炉膛中扇风可以使火燃烧的更旺，将食物密封保存可以减缓食物腐烂的速度，等等。升高温度反应速率增大，降低温度反应速率减小。在反应物浓度恒定的情况下，温度每升高 10℃，化学反应的速率一般增加 2~4 倍。选用适当的催化剂也是改变反应速率常用的有效方法之一。一方面催化剂具有专一性，例如生物体内的酶只能催化特定的生化反应；另一方面，工业生产中往往伴随着大量的副反应，而催化剂的这种选择性恰好可以大幅提高目标产物在最终产物中的比率。

除了以上三个因素可影响化学反应速率外，对于有气体参加的反应，压强也可调控反应速率；反应物之间的接触面积越大，反应速率越快。另外，光辐射、放射线辐射、超声波、电弧、强磁场、高速研磨等向反应体系输入能量的因素，都有可能改变化学反应速率。

科学实验与计算

1. 探究化学反应的热量变化

【实验药品】铁丝、氢氧化钠溶液、盐酸、八水和氢氧化钡、氯化铵。
【实验器材】烧杯、温度计。
【实验步骤及装置图】
（1）铁丝燃烧（见图 3-21）。
步骤：
1. 取几根经过打磨过的细铁丝（表面应没有铁锈和油漆）。
2. 在集气瓶底部放入少量水或细沙。由于细铁丝在氧气中燃烧放出了大量的热，火星四射，集气瓶内少量水或细沙的作用是防止溅落的熔化物炸裂瓶底。
3. 拧成一束螺旋状绕在一根火柴上，点燃火柴，待火柴临近烧完时缓缓伸入盛氧气的集气瓶中。

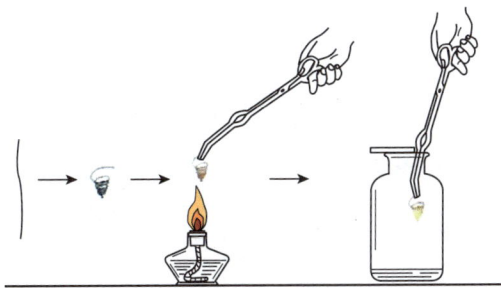

图 3-21　铁丝燃烧

（2）向 1mL 氢氧化钠溶液中滴加 1mol/L 稀盐酸（见图 3-22）。

（3）八水和氢氧化钡与氯化铵反应（见图 3-23）。

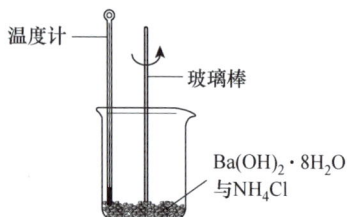

图 3-22　氢氧化钠和稀盐酸反应　　图 3-23　八水和氢氧化钡与氯化铵反应

步骤：

1. 在一个烧杯里，加入约 20g 已经研磨成粉末的氢氧化钡的晶体。

2. 将小烧杯放在事先已经滴有水的玻璃片。

3. 然后再加入 10g 氯化铵晶体，并立即用玻璃棒迅速搅拌，闻气味，用手触摸杯壁下部，试着用手拿起烧杯，观察现象。

【实验现象】

（1）铁丝在氧气中剧烈燃烧，火星四射，最后生成黑色固体。

（2）试管壁变热。

（3）温度计示数下降。

2. 制作以酒精为燃料的小火箭

【实验药品】酒精。

【实验器材】2L 可口可乐塑料瓶、长木条、木板。

【实验步骤】将少量酒精倒入 2L 的塑料瓶中，用酒精润湿塑料瓶的内壁。然后把瓶中的酒精倒出，并倒立放在烧杯上，使得瓶中的酒精全部流出。放置一小短时间后，把塑料瓶放在搭好的斜坡上，如图 3-24 所示，用气喷火枪对准塑料瓶口，按动喷火按钮，观察现象。

图 3-24　气喷火枪对准塑料瓶口

【实验现象】塑料瓶立刻飞向远方，速度不可控。

【实验反思】在设计航天火箭时，需保证燃料使用的安全性和可控性。

3. 探究浓度对化学反应速率的影响

【实验药品】0.01mol/L 的 $KMnO_4$ 酸性溶液、0.1mol/L $H_2C_2O_4$（草酸）溶液、0.2mol/L $H_2C_2O_4$（草酸）溶液。

已知可发生如下反应：

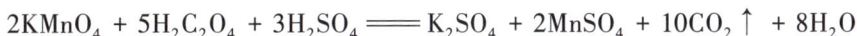

$$2KMnO_4 + 5H_2C_2O_4 + 3H_2SO_4 = K_2SO_4 + 2MnSO_4 + 10CO_2\uparrow + 8H_2O$$

【实验器材】试管。

【实验步骤】取两支试管，各加入 4mL 0.01mol/L 的 $KMnO_4$ 酸性溶液，然后向一支试管中加入 2mL 0.1mol/L $H_2C_2O_4$（草酸）溶液，记录溶液褪色所需的时间。向另一支试管中加入 2mL 0.2mol/L $H_2C_2O_4$（草酸）溶液，记录溶液褪色所需的时间。

【实验现象及数据】实验现象及数据填入表 3-7。

表 3-7　实验现象及数据

加入试剂	0.2mol/L 的 $H_2C_2O_4$	0.1mol/L 的 $H_2C_2O_4$
实验现象		
褪色时间		

【实验结论】其他条件相同时，增大反应物浓度反应速率增大，减小反应物浓度反应速率减小。

4. 探究温度对化学反应速率的影响

【实验药品】0.1mol/L 的 $Na_2S_2O_3$ 溶液、0.1mol/L H_2SO_4 溶液。

已知可发生如下反应：

$$Na_2S_2O_3 + H_2SO_4 = Na_2SO_4 + SO_2\uparrow + S\downarrow + H_2O$$

【实验器材】试管、水槽。

【实验步骤】如图 3-25 所示，取两试管 a、d 各加入 5mL 0.1mol/L $Na_2S_2O_3$ 溶液。另取两支试管 b、c 各加入 5mL 0.1mol/L H_2SO_4 溶液。将四支试管分成两组（各有一支盛有 $Na_2S_2O_3$ 溶液和 H_2SO_4 溶液的试管），一组放入冷水中，另一组放入热水中，经过一段时间后，a 与 b、c 与 d 混合并搅拌。记录出现浑浊的时间。

【实验现象及数据】实验现象及数据填入表 3-8。

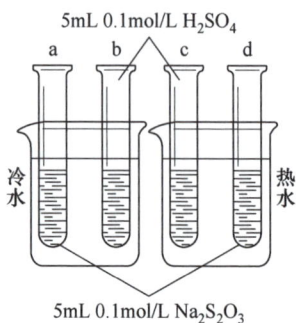

图 3-25 $Na_2S_2O_3$ 与 H_2SO_4 反应

表 3-8 实验现象及数据

编号	0.1mol/L 的 $Na_2S_2O_3$/mL	0.1mol/L 的 H_2SO_4/mL	反应温度	反应中出现浑浊的时间/s
1	5	5	冷水	
2	5	5	热水	

【实验结论】其他条件相同时，升高温度反应速率增大，降低温度反应速率减小。

5. 探究催化剂对化学反应速率的影响

【实验药品】10% H_2O_2 溶液、0.1mol/L $FeCl_3$ 溶液、0.1mol/L $CuSO_4$ 溶液。

【实验器材】试管、漏斗、锥形瓶、双控胶塞。

【实验步骤】实验装置如图 3-26 所示，锥形瓶内盛有 10mL 左右 10% 的 H_2O_2 溶液，双控胶塞上插有短导管和漏斗，短导管里插有带余烬的木条。之后经漏斗向锥形瓶内加入少量 MnO_2 后，观察现象。

图 3-26 反应过程

【实验现象】加入 MnO_2 后，锥形瓶中迅速产生大量气泡，余烬复燃。图

3-26 中，木条由带火星到剧烈燃烧。

【实验结论】其他条件相同时，加入催化剂可加快反应速率。

小记者提问

【问题一】运载火箭通常是用煤油、酒精、偏二甲肼、液态氢等作为燃烧剂，用液态氧、四氧化二氮等氧化剂作为助燃剂。请从反应放热的角度，判断甲烷和氢气，哪种更适合作为火箭燃料。相关资料见表 3-9。

表 3-9　相关资料

共价键	键能/kJ·mol^{-1}	共价键	键能/kJ·mol^{-1}
H—H	436	C—H	415.0
C=O	803	O—H	462.8
O=O	498	C—O	326

甲烷燃烧的化学方程式：

$$CH_4 + 2O_2 = CO_2 + 2H_2O$$

1mol 甲烷燃烧，理论上释放的热量为：

$$2 \times 803 + 4 \times 462.8 - 4 \times 415.0 - 2 \times 498 = 801.2 kJ$$

每克甲烷燃烧释放的能量为：

$$801.2 \div 16 = 50.1 kJ$$

氢气燃烧的化学方程式：

$$2H_2 + O_2 = 2H_2O$$

1mol 氢气燃烧，理论上释放的热量为：

$$2 \times 462.8 - 0.5 \times 498 - 1 \times 436 = 240.6 kJ$$

每克氢气燃烧释放的能量为：

$$240.6 \div 2 = 120.3 kJ$$

显然，120.3kJ>50.1kJ，故从能量角度来说，氢气更适合做火箭燃料。

【问题二】氢气燃烧效率高，燃烧产物无污染，为什么不是广泛应用的火箭推进剂？

氢的能量密度很高，是普通汽油的 3 倍，这意味着燃料的自重可减轻 2/3，这对火箭飞行无疑是极为有利的。1960 年液态氢首次用作航天动力燃料，并且在 1970 年成功推动"阿波罗"登上月球。但其发展的速度并不快，原因有以下几条：

（1）氢气不可直接开采，制备成本较高。

（2）氢气的储存难度高，安全性低。氢气的密度很小，0.5kg 的氢气如果要储存到特制的 40L 钢瓶里，需要 150 个标准大气压的高压，这对材料的耐压性能有很高的要求。

（3）氢气属于易燃易爆气体，需保证在火箭中燃烧的安全性。

【问题三】请大家依据表 3-10，设计一个以氢气和氧气为燃料的燃烧室。

表 3-10　各液态燃料的物质性质

液态燃料	密度/$g \cdot L^{-1}$	沸点/℃	熔点/℃
氢气	70	−252	−259.2
煤油	820	180~310	−47
偏二甲肼	786	63	−57
液氧	1141	−183.1	−219

目前广泛采用的燃烧室的设计方案有图 3-27 所示两种。

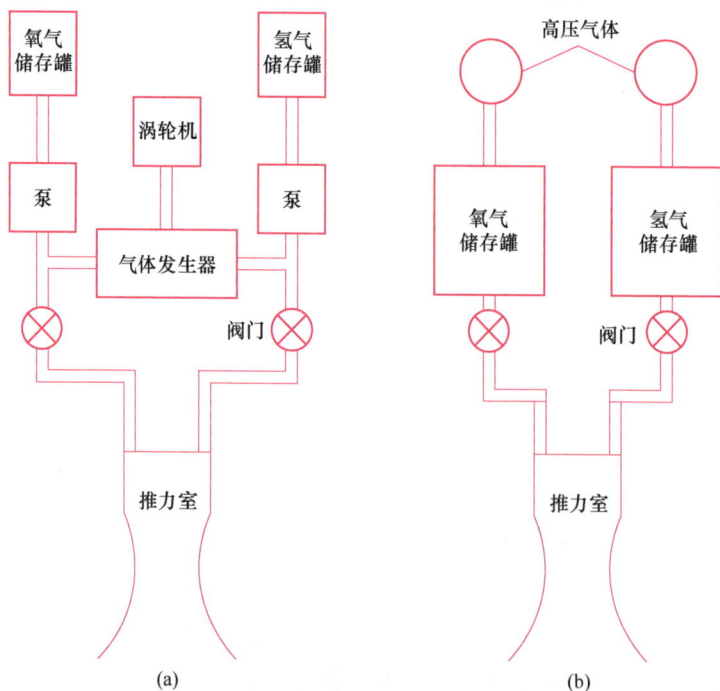

图 3-27　燃烧室设计方案

（a）泵压式发动机；（b）压力式发动机

在设计过程中需要考虑以下因素：

（1）氢气与氧气需分开存放，防止混合爆炸。

（2）氢气与氧气必须以恒定的流速进入燃烧装置，否则单位时间内燃烧释放的能量不同，火箭速度不可控。

（3）氢气与氧气的沸点差距较大，两者的储存罐应相距较远，否则互相影响。

可见，一个火箭推进剂的选择需多方面综合考虑。例如，聚硫橡胶 $[(CH_2CH_2S_4)_n]$、高氯酸铵（NH_4ClO_4）、铝粉的混合物是第二代复合推进剂，它燃烧产物之一为 HCl，造成环境污染。另外，上述混合物 Al 燃烧产物为固体 Al_2O_3，易发生沉积，堵塞喷管。

目前，为了探索更遥远的太空，各国都在努力探究更加高效的燃料。日本某公司通过计算机模拟，得出 60 个氮原子有可能合成类似巴基球结构（或称 C_{60} 分子）的 N_{60} 分子的结论。据推测，这种分子在受热情况下瞬间恢复成氮气状态，释放出极大的能量。计算表明，N_{60} 分子如果用作火箭燃料，产生的动力会比目前火箭中使用的液态燃料高出 10%。

期待在今后，对火箭领域感兴趣的你可以提出更先进的理念，实践出更出色的火箭燃料，为祖国的航天事业贡献一份力量！

【问题四】在选择火箭推进剂时，为什么需要考虑推进剂的物理形态？

不同形态的推进剂对燃烧室的设计要求是不同的。燃烧室需保证燃烧的安全性，以及燃烧速度的可控性。在问题一中为大家展示了液态氢气的燃烧室，在此液体燃烧室不再赘述。

固体火箭的箭体与液体火箭的箭体差别不大，但内部没有推进剂储存箱，而是把整个火箭体的内部从上到下装满固体推进剂，如图 3-28 所示。在火箭体的中心有一条窄窄的圆柱形缝隙贯穿推进剂的模芯。该缝隙称为燃烧室，它可使推进剂从上到下均匀地燃烧。火箭底部的喷管，将燃烧室的排气导入合适的方向。由于燃烧室是推进剂在中间留出的缝隙，当火箭顶端的点火器击发点火后，随着燃烧的继续，燃烧室的表面积开始增大。因此，火箭在最初产生的推力较小，但随着时间的增加，推力逐渐增大，直到燃烧的最后阶段火箭获得最大的推力。可通过控制缝隙的形状，来调控燃烧面积的大小，进而调控燃烧速度的快慢。

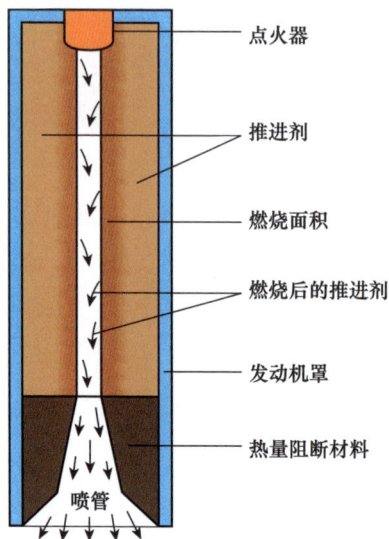

图 3-28　固体火箭燃烧室

小测试

（1）根据图 3-29，下列说法正确的是（　　）。

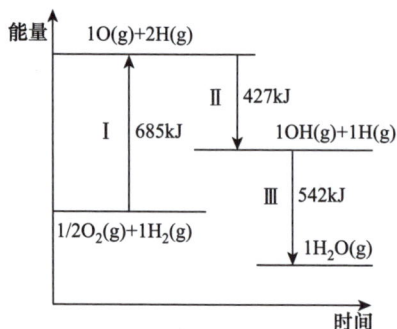

图 3-29　化学反应中能量变化示意图

A. 断开非极性键和生成极性键的能量相同

B. 反应 II 比反应 III 生成的 O—H 键更牢固

C. $1/2O_2(g) + H_2(g) \rightarrow OH(g) + H(g) - Q(Q > 0)$

D. $H_2O(g) \rightarrow 1/2O_2(g) + H_2(g) + Q(Q > 0)$

参考答案：C

（2）H_2O_2 分解速率受多种因素影响。实验测得 70℃时不同条件下 H_2O_2 浓度随时间的变化如图 3-30 所示。下列说法不正确的是（　　）。

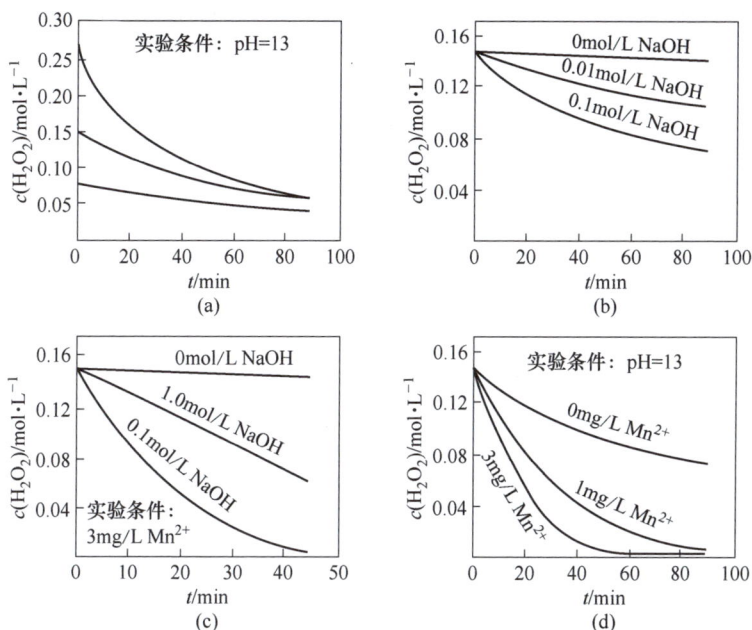

图 3-30　H_2O_2 浓度变化

A. 图（a）表明，其他条件相同时，H_2O_2 浓度越小，其分解速率越慢

B. 图（b）表明，其他条件相同时，溶液碱性越弱，H_2O_2 分解速率越慢

C. 图（c）表明，少量 Mn^{2+} 存在时，溶液碱性越强，H_2O_2 分解速率越快

D. 图（c）和图（d）表明，碱性溶液中，$c(Mn^{2+})$ 对 H_2O_2 分解速率的影响大

参考答案：C

（3）对水样中溶质 M 的分解速率影响因素进行研究。在相同温度下，M 的物质的量浓度（mol/L）随时间变化的有关实验数据见表 3-11。

表 3-11　实验数据

时间/min	0	5	10	15	20	25
Ⅰ（pH=2）	0.40	0.28	0.19	0.13	0.10	0.09
Ⅱ（pH=4）	0.40	0.31	0.24	0.20	0.18	0.16
Ⅲ（pH=4）	0.20	0.15	0.12	0.09	0.07	0.05
Ⅳ（pH=4，含 Cu^{2+}）	0.20	0.09	0.05	0.03	0.01	0

下列说法不正确的是（　　）。

A. 在0~20min内，Ⅰ中M的平均分解速率为0.015mol/(L·min)

B. 其他条件相同时，水样酸性越强，M的分解速率越快

C. 在0~25min内，Ⅲ中M的分解百分率比Ⅱ大

D. 由于Cu^{2+}存在，Ⅳ中M的分解速率比Ⅰ快

参考答案：D

案例4　卫星椭圆轨道相关计算

❓ 提问

圆形轨道属性大家比较熟悉，那么椭圆轨道又有哪些性质呢？怎么分析椭圆轨道上卫星的运动属性呢？

🧑‍🏫 导读

太空中运转的人造卫星有 1000 多颗，美国有接近 600 颗，中国超过 300 颗，俄罗斯不到 200 颗，我国已经变成卫星应用的强国。卫星为通信、遥感、监测等方面提供技术支撑，在天气预报、防灾减灾、生态监测等方面发挥了极大的作用。北斗导航系统的建成为人类的出行提供了极大的便利。

从形状看，人造卫星运行轨道有圆形轨道和椭圆形轨道两种，如图 3-31 所示。在椭圆形轨道上运行的卫星，与地球之间的距离是不断变化的。运行轨道距地球最近的位置，叫近地点；距地球最远的位置叫远地点。人造地球卫星距地面的高度有很大差别。运行在圆形轨道的卫星，距地面最近的卫星轨道，其距地面高度只有 150~200km。卫星在轨道上一般只运行 7~12 天时间，距地面最远的人造地球卫星轨道，与地面的距离可达约 36000km。沿这种轨道运行的卫星，多数是长寿命的地球同步轨道卫星。运行在椭圆轨道的卫星，近地点在 200km 左右，远地点一般在 20000~80000km，有的甚至更远。

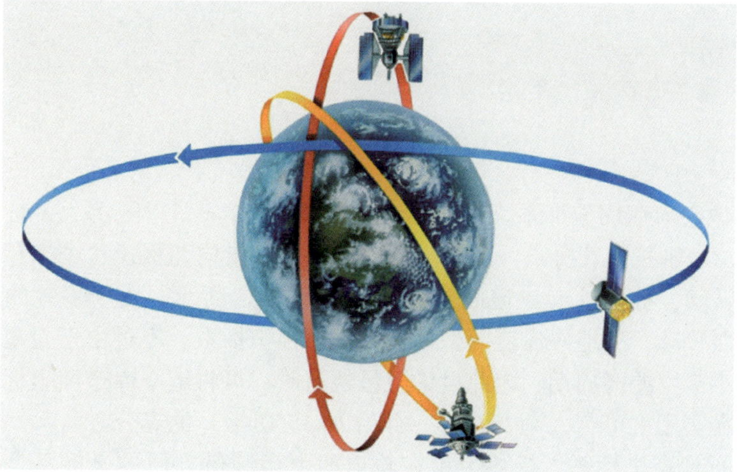

图 3-31　卫星的运行

⇄ 基础理论和知识介绍

1. 天球运动及坐标系

（1）天球及视运动。以地心为中心可画出一个半径无穷大的圆球，这个球面称为天球。天空中的太阳、月亮以及星星和地心的连线会和天球相交于一点，因此天体的运动可用它们在天球上的轨迹来表示，如图 3-32 所示。地球赤道面和天球的交线称为天球赤道。地球实际上是绕日运行的，但从固定在地球上的坐标系来看，太阳会绕地球运行，这就是太阳的视运动。太阳在天球上的轨迹称为黄道，黄道面和赤道面的交线称为二分线，二分线和天球的交点称为二分点，即春分点和秋分点。黄道面和赤道面的夹角约为 $23°26'$。黄道面上有两点距赤道面最远，位于北半球的称为夏至点，位于南半球的称为冬至点。当太阳在夏至点时，它直射北回归线；当太阳在冬至点时，它直射南回归线。

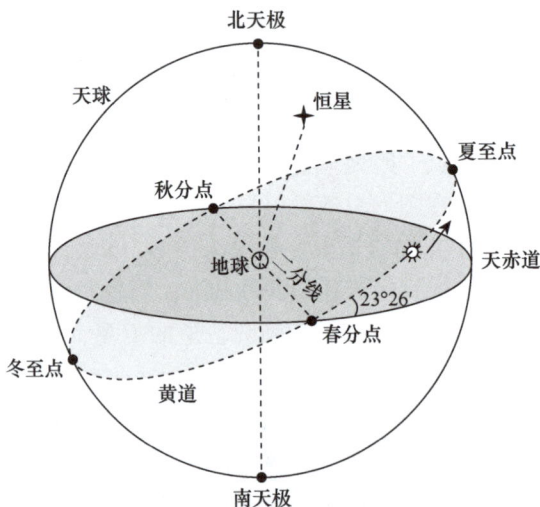

图 3-32　天球及太阳的视运动

（2）地心赤道面坐标系。以地心为原点可以建立一个坐标系，X 轴和 Y 轴在赤道面上，X 轴指向春分点，Z 轴为地球自转轴，指向北极。这个坐标系不随地球自转而转动，称为地心赤道面坐标系，如图 3-33 所示。由于岁差的缘故，春分点会往西移动，故地心赤道面坐标也不是惯性坐标系。不过由于卫星绕地运动的周期远小于岁差的周期，因此讨论卫星轨道时，可将地心赤道面坐标系当做惯性坐标，在实用上可令 X 轴指向某一年（如 1950 年）的春分方向。

（3）近地点坐标系。描述卫星在轨道面上运动最方便的坐标系是近地点坐标系 x_ω、y_ω、z_ω，如图 3-34 所示。这个坐标系原点在地心（即焦点）上，x_ω 轴

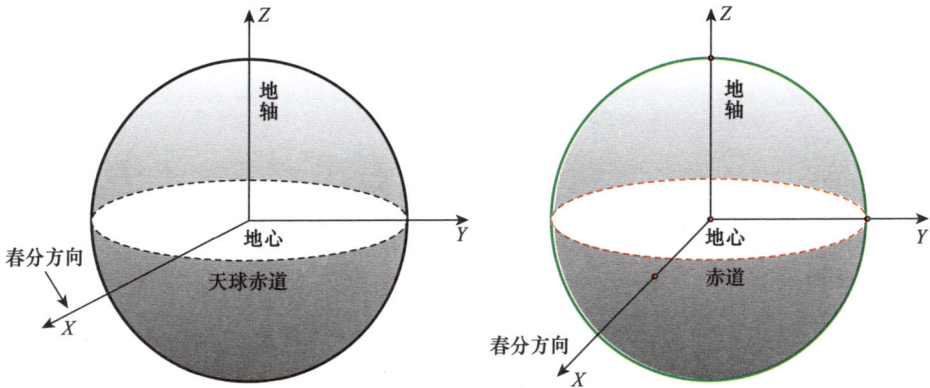

图 3-33　地心赤道面坐标系

和 y_ω 轴在轨道面上，x_ω 轴指向近地点，将 x_ω 轴沿卫星运动方向转动 90° 就得到 y_ω 轴，z_ω 轴则和 x_ω 轴、y_ω 轴形成右手坐标系。因为卫星在轨道面上运动，故其 z_ω 坐标等于零。

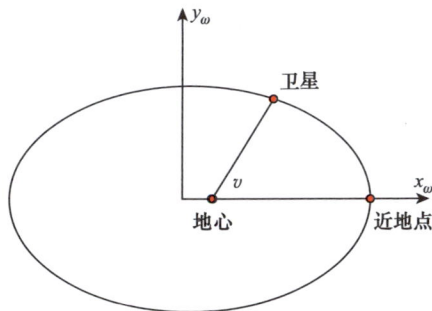

图 3-34　卫星的椭圆轨道

（v 为真近点角）

2. 椭圆的数学定义和标准方程及光学性质

如图 3-35 所示，一根没有弹性的细绳 AB，两端固定在 F_1、F_2（$|AB| > |F_1F_2|$），用铅笔尖把细绳拉紧，现在用铅笔尖在画板上慢慢移动一周，得到的轨迹是一个椭圆。定点 F_1、F_2 叫做椭圆的焦点，两焦点之间的距离叫做椭圆的焦距。

椭圆的焦距记为 $2c$，即 $|F_1F_2| = 2c$，椭圆上的点到两个焦点的距离之和为常数，记为 $2a$。

以过焦点 F_1、F_2 的直线为 x 轴，线段 F_1F_2 的垂直平分线为 y 轴，建立平面

直角坐标系 xOy，如图 3-36 所示，这时 F_1、F_2 的坐标分别为（$-c$，0）、（c，0）。

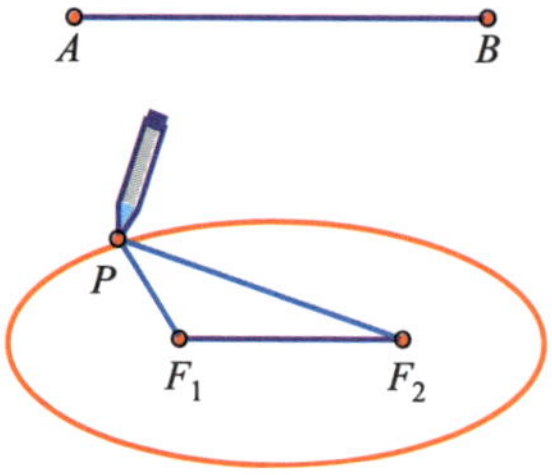

图 3-35　椭圆的定义

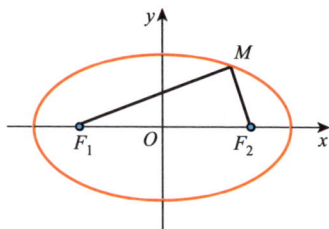

图 3-36　建立平面直角坐标系

设 M（x，y）是椭圆上的任意一点，根据椭圆的定义可知，点 M 在椭圆上的充分必要条件是 $|MF_1|+|MF_2|=2a$，即：

$$\sqrt{(x+c)^2+y^2}+\sqrt{(x-c)^2+y^2}=2a$$

所以

$$\sqrt{(x+c)^2+y^2}=2a-\sqrt{(x-c)^2+y^2}$$

两边平方得：

$$(x+c)^2+y^2=4a^2-4a\sqrt{(x-c)^2+y^2}+(x-c)^2+y^2$$

即：

$$a^2-cx=a\sqrt{(x-c)^2+y^2}$$

两边平方得：

$$a^4-2a^2cx+c^2x^2=a^2x^2-2a^2cx+a^2c^2+a^2y^2$$

即：

$$(a^2-c^2)x^2+a^2y^2=a^2(a^2-c^2)$$

因为 $2a>2c$，即 $a>c$，所以 $a^2-c^2>0$，令 $a^2-c^2=b^2$，其中 $b>0$，代入上式可得：

$$b^2x^2+a^2y^2=a^2b^2$$

两边同时除以 a^2b^2 得：

$$\frac{x^2}{a^2}+\frac{y^2}{b^2}=1$$

此即为椭圆的标准方程。

椭圆一焦点射出的光线经椭圆内壁反射后必经过另一焦点。生产实际中的光能换位聚焦等就是利用这一性质。

这一性质的数学表达是椭圆上任意点 P 的切线与两焦半径所成夹角相同，当然切线也平分 $\triangle PF_1F_2$ 在点 P 处的外角。

简要证明：若 P 点在 y 轴上，命题显然成立。

下面对 P 点不在 y 轴上的情况（即 $x_0\neq0$）进行证明，如图 3-37 所示。

设椭圆的交点坐标为：$F_1(-c,0)$，$F_2(c,0)$，设 P 点坐标为 (x_0,y_0)（$x_0\neq0$），则：

$$\frac{x_0^2}{a^2} + \frac{y_0^2}{b^2} = 1, \ y_0^2 = \frac{b^2(a^2 - x_0^2)}{a^2}$$

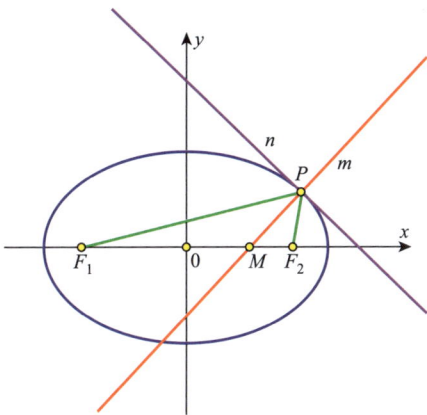

图 3-37　P 点不在 y 轴上

设 e 为椭圆的离心率，$e = \dfrac{c}{a}$，由椭圆性质得：

$$|PF_1| = \sqrt{(x_0 + c)^2 + (y_0 - 0)^2} = \sqrt{(x_0 + c)^2 + \frac{b^2(a^2 - x_0^2)}{a^2}} = \sqrt{e^2 x_0^2 + 2aex_0 + a^2}$$

化简得：
$$|PF_1| = a + ex_0$$

同理可得：
$$|PF_2| = a - ex_0$$

又过 P 点的切线 n 的方程为 $\dfrac{xx_0}{a^2} + \dfrac{yy_0}{b^2} = 1$，由过 P 点的法线 $m \perp n$ 得 m 的

方程：

$$y - y_0 = \frac{a^2 y_0}{b^2 x_0}(x - x_0)$$

设 M 为 m 与 x 轴交点，令 $y=0$ 解得 M 点坐标为：

$$M\left(\frac{c^2}{a^2}x_0, \ 0\right)$$

$$\frac{|F_1 M|}{|F_2 M|} = \frac{c + \dfrac{c^2}{a^2}x_0}{c - \dfrac{c^2}{a^2}x_0} = \frac{a + ex_0}{a - ex_0} = \frac{|PF_1|}{|PF_2|}$$

所以直线 m 是 $\angle F_1 P F_2$ 的平分线，证毕。

3. 极坐标系下的曲线方程

如图 3-38 所示，在平面内取一个定点 O，叫作极点；引一条射线 OX，叫做极轴；再选定一个长度单位和角度的正方向（通常取逆时针方向）。

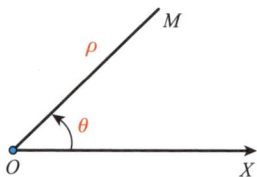

图 3-38　极坐标系

对于平面内任意一点 M，用 ρ 表示线段 OM 的长度，θ 表示从 OX 到 OM 的角度，ρ 叫点 M 的极径，θ 叫点 M 的极角，有序数对 (ρ, θ) 就叫点 M 的极坐标。这样建立的坐标系叫极坐标系，记作 $M(\rho, \theta)$。若点 M 在极点，则其极坐标为 $\rho = 0$，θ 可以取任意值。

由于一个角加 $2n\pi (n \in Z)$ 后都是和原角终边相同的角，所以一个点的极坐标不唯一，可以写成 $M(\rho, \theta + 2n\pi)$。但若限定 $\rho > 0$，$0 \leqslant \theta < 2\pi$ 或 $-\pi < \theta \leqslant \pi$，那么除极点外，平面内的点和极坐标就可以一一对应了。

如图 3-39 所示，点 M 的极坐标还可以有其他表示方法：

（1）$\rho > 0$，$M(\rho, \pi + \theta)$；

（2）$\rho > 0$，$M(-\rho, \theta)$。

同理，(ρ, θ) 与 $(-\rho, \pi + \theta)$ 也是同一个点的坐标。

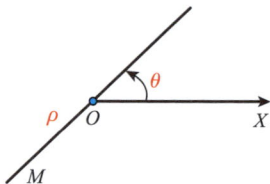

图 3-39　极坐标系

（1）极坐标和直角坐标的互化。如图 3-40 所示，把直角坐标系的原点作为极点，X 轴的正半轴作为极轴，并在两种坐标系中取相同的长度单位，设 M 是平面内任意一点，其直角坐标是 (x, y)，极坐标是 (ρ, θ)，从点 M 作 $MN \perp OX$，由三角函数定义，得 $x = \rho\cos\theta$，$y = \rho\sin\theta$。

进一步有：

$$\rho^2 = x^2 + y^2, \ \tan\theta = \frac{y}{x} (x \neq 0)$$

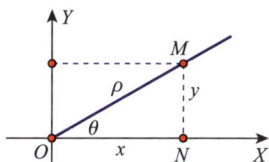

图 3-40　极坐标系

注意，一般情况下由 $\tan\theta$ 确定角 θ 时，可根据点 M 所在的象限取最小正角。

（2）曲线的极坐标方程。

在极坐标系中，曲线可以用含有 ρ、θ 这两个变数的方程 $\varphi(\rho, \theta) = 0$ 来表示，这种方程叫曲线的极坐标方程。

求曲线的极坐标方程的方法与步骤如下：

1）建立适当的极坐标系，并设动点 M 的坐标为 (ρ, θ)。

2）列出适合条件的点 M 的集合。

3）列方程 $\varphi(\rho, \theta) = 0$。

4）化简所得方程。

5）证明得到的方程就是所求曲线的方程。

4. 圆锥曲线的统一极坐标方程

平面内到定点和定直线（定点不在定直线上）的距离之比为常数 e 的点的轨迹就是圆锥曲线，定点就是一个焦点，定直线称作圆锥曲线的准线。

如图 3-41 所示，过点 F 作准线 L 的垂线，垂足为 K，以焦点 F 为极点，FK 的反向延长线 FX 为极轴，建立极坐标系。设 $M(\rho, \theta)$ 是曲线上任意一点，连结 MF，作 $MA \perp L$，$MB \perp FX$，垂足分别为 A、B。那么曲线就是集合 $p = \left\{ M \left| \dfrac{MF}{MA} = e \right. \right\}$。

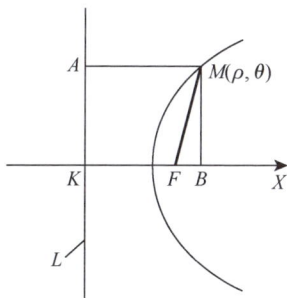

图 3-41　圆锥曲线

设焦点 F 到准线 L 的距离 $|FK| = p$，由 $|MF| = \rho$，$|MA| = |BK| = p + \rho\cos\theta$，得：

$$\frac{\rho}{p + \rho\cos\theta} = e$$

即

$$\rho = \frac{ep}{1 - e\cos\theta}$$

这就是椭圆、双曲线、抛物线统一的极坐标方程。其中当 $0 < e < 1$ 时，方程表示椭圆，定点 F 是它的左焦点，定直线 L 是它的左准线。$e = 1$ 时，方程表示开口向右的抛物线。$e > 1$ 时，方程只表示双曲线右支，定点 F 是它的右焦点，定直线 L 是它的右准线。若允许 $\rho < 0$，方程就表示整个双曲线。

设 F 为椭圆的左焦点（双曲线的右焦点、抛物线的焦点），P 为椭圆（双曲线的右支、抛物线）上任一点，因为 $|PF| = e|PQ|$，所以 $|PF| = e(|PF|\cos\theta + p)$，其中 $p = |FH|$，$\theta = \langle x\text{ 轴}, \overrightarrow{FP} \rangle$，所以焦半径

$$|PF| = \frac{ep}{1 - e\cos\theta}$$

当 P 在双曲线的左支上时：

$$|PF| = -\frac{ep}{1 + e\cos\theta}$$

推论：若圆锥曲线的弦 MN 经过焦点 F，则有 $\dfrac{1}{|MF|} + \dfrac{1}{|NF|} = \dfrac{2}{ep}$。

5. 椭圆切线满足的极坐标关系

如图 3-42 所示，设入射角即 OP 与法线的夹角为 α，OP 与切线的夹角为 β，$P(\rho, \theta)$

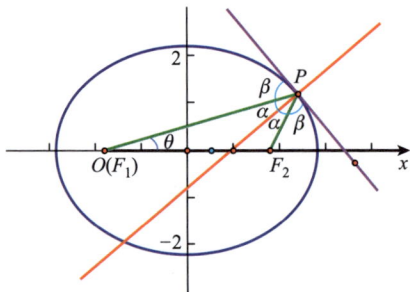

图 3-42　椭圆及任一点的切线

在 $\triangle PF_1F_2$ 中，由正弦定理可得：

$$\frac{\sin\theta}{\sin 2\alpha} = \frac{PF_2}{F_1F_2} = \frac{2a-\rho}{2c}$$

所以
$$\frac{\sin^2\theta}{\sin^2 2\alpha} = \frac{(2a-\rho)^2}{(2c)^2}$$

所以
$$4c^2(1-\cos^2\theta) = (1-\cos^2 2\alpha)(2a-\rho)^2$$

又因为椭圆的极坐标方程为 $\rho = \dfrac{ep}{1-e\cos\theta}$，所以

$$\cos\theta = \frac{\rho-ep}{ep}$$

又 $e = \dfrac{c}{a}$，$P = \dfrac{a^2}{c} - c = \dfrac{b^2}{c}$，所以 $ep = \dfrac{b^2}{a}$，故有：

$$4c^2\left[1 - \left(\frac{\rho-ep}{ep}\right)^2\right] = (1-\cos^2 2\alpha)(2a-\rho)^2$$

化简得：
$$\cos^2 2\alpha = \frac{(\rho^2 - 2a\rho + 2b^2)^2}{\rho^2(2a-\rho)^2}$$

$$2\cos^2\alpha - 1 = \frac{\rho^2 - 2a\rho + 2b^2}{\rho(2a-\rho)}$$

$$\cos^2\alpha = \frac{b^2}{\rho(2a-\rho)}$$

$$\sin\beta = \cos\alpha = \frac{b}{\sqrt{\rho(2a-\rho)}}$$

这就得到了椭圆的切线和极径的夹角所满足的极坐标关系，由于从标准方程中的 x、y 可以唯一确定 ρ、$\theta(\rho > 0,\ 0 \leqslant \theta < 2\pi)$，因此由极坐标方程可以唯一确定 α 或 β。

6. 开普勒三大定律

开普勒三大定律来描述了天体的运动规律。这三条定律的主要内容如下：

（1）所有行星绕太阳运动的轨道都是椭圆，太阳位于椭圆轨道的一个焦点上。

（2）对于任意一个行星来说，其与太阳的连线在相等的时间内扫过的面积相等，如图 3-43 所示。

（3）所有行星轨道的半长轴 a 的三次方跟它的公转周期 T 的二次方的比值为常数，即 $\dfrac{a^3}{T^2} = C$。

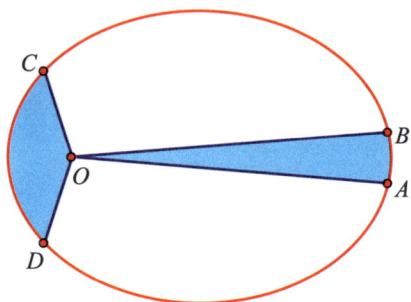

图 3-43　开普勒第二定律

下面给出简要证明：

如图 3-44 所示，假定在点 P_0 行星的速度为 $\boldsymbol{v}_0$，矢径为 $\boldsymbol{FP}_0 = \boldsymbol{r}_0$，并且在此点势能大小为动能的两倍：$|E_P| = 2E_k$，即 $\dfrac{GMm}{r_0} = mv_0^2$（这和圆轨道是相同的）。

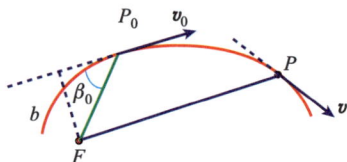

图 3-44　开普勒第三定律的证明

又焦点到行星运动方向的垂直距离为 b（或矢径与切线夹角为 β_0），$b = r_0 \cdot \sin\beta_0$，$b$ 可以是（小于 r_0 的）任意值，一般 $b \neq r_0\left(\beta_0 \neq \dfrac{\pi}{2}\right)$，假如 $b = r_0\left(\beta_0 = \dfrac{\pi}{2}\right)$，那就是圆轨道的情形。

因为万有引力是有心力和保守力，能量守恒定律和角动量守恒定律是成立的，假定在任一点 P，行星的速度为 $\boldsymbol{v}$，矢径（位置矢）为 $\boldsymbol{FP} = \boldsymbol{r}$，$\boldsymbol{v}$ 与 $\boldsymbol{r}$ 间夹角为 β，则有：

$$\begin{cases} \dfrac{1}{2}mv^2 - \dfrac{GMm}{r} = \dfrac{1}{2}mv_0^2 - \dfrac{GMm}{r_0} \\ mvr\sin\beta = mvr_0\sin\beta_0 \end{cases}$$

即

$$\begin{cases} \dfrac{1}{2}mv^2 - \dfrac{GMm}{r} = -\dfrac{1}{2}mv_0^2(=E) \\ mvr\sin\beta = mv_0 b(=L) \end{cases}$$

解得：
$$\sin\beta = \frac{b}{\sqrt{r\left(\dfrac{2GMm}{mv_0^2} - r\right)}}$$

和前面椭圆的切线极坐标关系比较可以得出长半轴是

$$a = \frac{GMm}{mv_0^2} = -G\frac{Mm}{2E}$$

所以 $E = -G\dfrac{Mm}{2a}$，显然能量与 b 无关。

这个解是满足初始条件的唯一解，即在万有引力（平方反比有心力）作用下，总能量为负（$E<0$）的行星所遵循的轨道必为椭圆。这个椭圆的长半轴 a 由 $E = -G\dfrac{Mm}{2a}$ 确定，或者说 a 等于势能大小为动能两倍处到力心（太阳）的距离；而短半轴 b 则等于该处行星运动的方向到力心的垂直距离。这就证明了开普勒第一定律。

这个结果说明，对于质量相同的行星来说（或者对于质量相同的地球的卫星来说）：

（1）行星运动过程中机械能守恒；

（2）轨道半长轴相等的卫星能量相等；

（3）半长轴为 a 的椭圆轨道上的行星能量与半径为 a 的圆轨道上运动的行星能量相同。

显然在以地球为焦点的若干个椭圆轨道中，椭圆的半长轴越长，卫星的总机械能越大，发射时需要的能量就越大，因此发射高轨道卫星难度较大。

图 3-45 所示是半长轴相等的椭圆族，在这些轨道上运动的质量相等的行星具有相等的能量。

因为 $E = -G\dfrac{Mm}{2a}$，$-\dfrac{1}{2}mv_0^2 = E$，所以有：

$$v_0^2 = \frac{GM}{a}$$

$$\frac{1}{2}mv^2 - \frac{GMm}{r} = -\frac{1}{2}m\frac{GM}{a}$$

$$v^2 = \frac{2GM}{r} - \frac{GM}{a}$$

$$v = \sqrt{\frac{2a - r}{r} \cdot \frac{GM}{a}}$$

这就是行星在任意一点的速度。

$$f(\theta)=\frac{a\cdot(1-0.1^2)}{1-0.1\cdot\cos(\theta)}$$

$$g(\theta)=\frac{a\cdot(1-0.2^2)}{1-0.2\cdot\cos(\theta)}$$

$$h(\theta)=\frac{a\cdot(1-0.3^2)}{1-0.3\cdot\cos(\theta)}$$

$$q(\theta)=\frac{a\cdot(1-0.4^2)}{1-0.4\cdot\cos(\theta)}$$

$$r(\theta)=\frac{a\cdot(1-0.5^2)}{1-0.5\cdot\cos(\theta)}$$

$$s(\theta)=\frac{a\cdot(1-0.6^2)}{1-0.6\cdot\cos(\theta)}$$

$$t(\theta)=\frac{a\cdot(1-0.7^2)}{1-0.7\cdot\cos(\theta)}$$

$$u(\theta)=\frac{a\cdot(1-0.8^2)}{1-0.8\cdot\cos(\theta)}$$

$$v(\theta)=\frac{a\cdot(1-0.9^2)}{1-0.9\cdot\cos(\theta)}$$

$$w(\theta)=\frac{a\cdot(1-0.99^2)}{1-0.99\cdot\cos(\theta)}$$

$a=\boxed{8.00}$

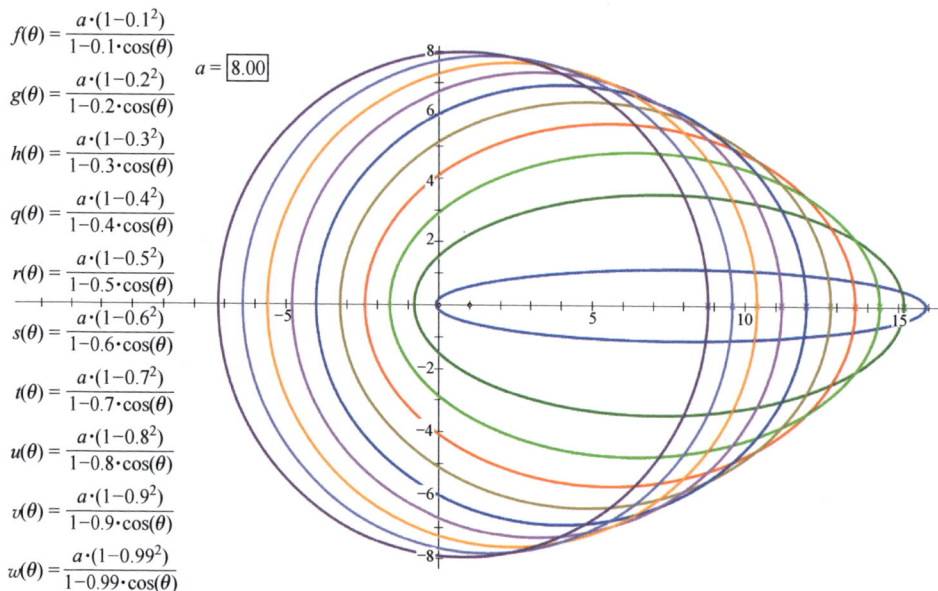

图 3-45　半长轴相等的椭圆族

行星的角动量为 $L=mv_0 b=m\sqrt{\dfrac{GM}{a}}\,b$。

可见，角动量 L 不仅与 a 有关，而且还与 b 有关；而能量 E 则只与 a 有关，与 b 无关。

单位时间行星矢径扫过的面积为：

$$S_0=\frac{1}{2}rv\sin\beta=\frac{1}{2}\sqrt{\frac{GM}{a}}\,b=\frac{L}{2m}$$

动量 L 和 m 都是定值，说明单位时间行星矢径扫过的面积是定值，这就是开普勒第二定律，实际上就是角动量守恒定律。

椭圆的面积公式为 $S=\pi ab$，式中 a 为长半轴，b 为短半轴。行星扫过椭圆整个面积所需的时间，即周期，应为

$$T=\frac{S}{S_0}=\frac{\pi ab}{\dfrac{1}{2}\sqrt{\dfrac{GM}{a}}\,b}=\frac{2\pi a}{\sqrt{\dfrac{GM}{a}}}=\frac{2\pi a\sqrt{a}}{\sqrt{GM}}$$

所以

$$\frac{T^2}{a^3}=\frac{4\pi^2}{GM}$$

这就是开普勒第三定律。

（◈）科学实验与计算

1. 火腿肠截面实验

用小刀去截火腿肠，截面的形状是什么曲线？有什么属性？

（1）用小刀去截火腿肠，查看截面的形状。

（2）将截面平放在纸上，沿着截面形状的边缘画出曲线。

（3）重复上述过程，改变切面和母线的夹角，画出多条截面的形状曲线。

（4）尝试说明曲线是什么类型，并且讨论这些曲线的不同可以用什么量来刻画。

结论：圆柱面的直截面截圆柱面所得截线是圆；圆柱面的斜截面截圆柱面所得截线是椭圆。

2. 证明圆柱体的斜截面是椭圆

如图 3-46 所示，平面斜截圆柱最长的弦 G_1G_2，在截面上下分别放置两个球与圆柱和截面相切，AB、CD 是两个球直径，切点分别是 A、B、F_1，C、D、F_2，延长 G_1G_2 交 BA、DC 的延长线于 E、F，设 EF 与 CD 的夹角为 θ（$0° < \theta < 90°$）。

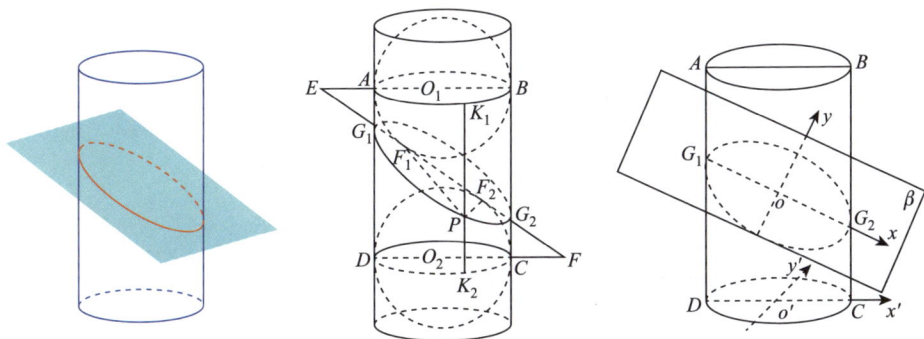

图 3-46　证明圆柱体的斜截面是椭圆

方法一：由切线长相等定理可得 $F_1G_2 = BG_2$、$F_2G_2 = CG_2$。所以

$$F_1G_2 + F_2G_2 = BC = AD = G_1G_2$$

在截线上任意取一点 P，过 P 作母线 K_1K_2，显然 $PF_1 = PK_1$、$PF_2 = PK_2$，所以

$$PF_1 + PF_2 = PK_1 + PK_2 = AD（定值）$$

所以截线满足椭圆定义，F_1、F_2 是椭圆的焦点，G_1G_2 是椭圆的长轴。

同时由三角形相似可以得到：

$$\frac{G_2F_1}{G_2E} = \sin\theta$$

方法二：也可以通过坐标变换的方法来求解方程。

以 DC 所在的直线为 x' 轴，圆心为原点 O' 建立坐标系，设圆的半径为 r，可得圆的方程是：

$$x'^2 + y'^2 = r^2$$

以椭圆的长轴 G_2G_1 所在的直线为 x 轴，椭圆中心为原点 O 建立坐标系，则：

$$\begin{cases} x' = x \cdot \cos\theta \\ y' = y \end{cases}$$

$$(x\cos\theta)^2 + y^2 = r^2$$

即 $\dfrac{x^2}{\dfrac{r^2}{\cos^2\theta}} + \dfrac{y^2}{r^2} = 1$ 是一个 $a = \dfrac{r}{\cos\theta}$、$b = r$ 的椭圆标准方程。

角度 θ 越接近 90°，$\cos\theta$ 越接近 0，长半轴 $a = \dfrac{r}{\cos\theta}$ 越大，短半轴 $b = r$ 不变，椭圆越扁。用 $\sin\theta$ 来刻画椭圆的扁平程度，称作椭圆的离心率，用字母 e 表示，$e = \sin\theta$。

设椭圆的焦距为 $2c$，即 $|F_1F_2| = 2c$，由椭圆的性质 $c^2 = a^2 - b^2$ 可得：

$$c = \sqrt{\left(\dfrac{r}{\cos\theta}\right)^2 - r^2} = r \cdot \tan\theta, \quad \dfrac{c}{a} = \dfrac{r \cdot \tan\theta}{r} \cdot \cos\theta = \sin\theta = e_\circ$$

3. 椭圆面积的计算

解：如图 3-46 所示，设椭圆面的面积及圆柱底面面积分别为 S'、S，椭圆所在的面和底面的夹角为 θ，由面积射影定理可知：

$$\dfrac{S'}{S} = \cos\theta$$

由前文可知，长半轴 $a = \dfrac{r}{\cos\theta}$，短半轴 $b = r$，所以 $r = a\cos\theta$，因为圆柱底面面积 $S' = \pi r^2$，所以椭圆的面积

$$S = \dfrac{S'}{\cos\theta} = \dfrac{\pi r^2}{\cos\theta} = \pi \dfrac{r}{\cos\theta} r = \pi ab$$

🖐 小记者提问

【问题一】卫星沿以地球为一个焦点的椭圆轨道运行，卫星在近地点和远

地点两个速度哪个大？

如图 3-47 所示，由椭圆的对称性可知卫星经过近地点和远地点时，运动的曲率半径相同，设这个曲率半径是 ρ。经过近地点和远地点时卫星的加速度分别为：

$$a_1 = \frac{v_1^2}{\rho}, \ a_2 = \frac{v_2^2}{\rho}$$

可得：

$$\frac{v_1^2}{v_2^2} = \frac{a_1}{a_2} = \frac{\dfrac{GM}{r_1^2}}{\dfrac{GM}{r_2^2}} = \frac{r_2^2}{r_1^2}$$

即：

$$\frac{v_1}{v_2} = \frac{r_2}{r_1}$$

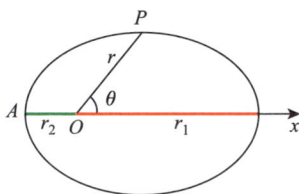

图 3-47　卫星绕地球运行示意图

在近地点时 $r_1 = \dfrac{ep}{1 - e\cos\pi} = \dfrac{ep}{1 + e}$，在远地点时 $r_2 = \dfrac{ep}{1 - e\cos 0} = \dfrac{ep}{1 - e}$，所以：

$$\frac{v_1}{v_2} = \frac{1 + e}{1 - e}$$

如果离心率是 0.6，那么近地点的速度大小是远地点的 4 倍。

上面的问题也可以按照下面的过程思考：

设卫星在轨道上的速度为 v，角速度为 ω，由开普勒第二定律可知：

单位时间内卫星运动轨迹近似为圆弧，行星扫过面积 A 的近似值为 $A = \dfrac{1}{2} r^2 \omega$。

已知卫星在近地点和远地点无径向速度，故横向速度等于其合速度，有 $v = r\omega$。

所以卫星在近地点和远地点时单位时间内扫过的面积相等：$A = \dfrac{1}{2} rv$。

所以对于近地点和远地点来说，有：$r_1 v_1 = r_2 v_2$。

后面过程同上。

【问题二】如何计算卫星在椭圆轨道上运动到任何一点的加速度和向心加速度？

根据牛顿第二定律，卫星在椭圆轨道上运动到任何一点的加速度由公式 $G\dfrac{Mm}{R^2}=ma$ 求解，式中 R 为地球球心到卫星的距离，即椭圆的一个焦点到卫星的距离。卫星在圆轨道上做匀速圆周运动时，万有引力全部用来提供向心力，这时卫星的加速度就是向心加速度。而在椭圆轨道上运动的卫星，万有引力没有全部用来提供向心力，向心加速度将不再等于卫星在轨道上运动的加速度。

卫星在轨道上某点运动的向心力为 $F_n=m\dfrac{v^2}{r}$，式中 r 是该点所在椭圆轨道的曲率半径，向心加速度 $a_n=\dfrac{F_n}{m}$。在远地点，卫星受到地球的万有引力 $F_G=G\dfrac{Mm}{R^2}$，式中 R 是卫星和地球地心之间的距离。卫星此时运动所需要的向心力 $F_n=m\dfrac{v^2}{r}$，$r=R$，且 $F_G=F_n$，卫星此时的加速度等于向心加速度，即 $a_n=a_G$，之后卫星在万有引力作用下向地球靠近做向心运动，此时 $r\neq R$。万有引力产生两个作用效果，一方面提供沿轨道切向的切向力，对卫星做正功，使卫星速率越来越大，另一方面提供向心力，不断改变卫星的运动方向。万有引力产生的切向加速度 a_τ 和法向加速度即向心加速度 a_n 之间的关系，如图 3-48 所示。

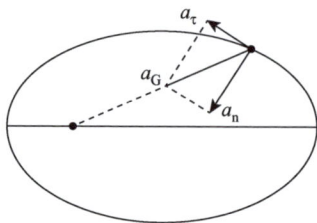

图 3-48　椭圆轨道上任一位置处万有引力产生的两个作用效果

到达近地点时，$r=R$，$F_G=F_n$，$a_n=a_G$。之后卫星远离地球做离心运动，此时 $r\neq R$。万有引力同样产生两个作用效果，一方面提供沿轨道切向的切向力，对卫星做负功，使卫星速率越来越小，另一方面提供向心力，不断改变卫星的运动方向，直到远地点，周而复始。在整个运动过程中，只有近地点和远地点两个位置，$F_G=F_n$、$a_n=a_G$，其他位置 $a_n\neq a_G$。

【问题三】人造星体如何从低轨的圆形轨道变轨到高轨的圆形轨道？速度的

增量如何计算?

受运载火箭发射能力的限制，人造星体往往不能直接由火箭送入最终运行的空间轨道。要使人造星体到达预定的轨道，就要在地面跟踪测控网的跟踪测控下，选择合适时机向卫星上的发动机发出点火指令使人造星体的速度增加（机械能增加），进而达到改变卫星运行轨道的目的。

如图 3-49 所示，发射同步卫星时，通常先将卫星发送到近地轨道 I，使其绕地球做匀速圆周运动，速率为 v_1，第一次在 P 点点火加速，速率在短时间内由 v_1 增加到 v_2，卫星进入椭圆形的转移轨道 II（称作霍曼转移轨道）。卫星运行到远地点 Q 时的速率为 v_3，此时进行第二次点火加速，在短时间内将速率由 v_3 增加到 v_4，使卫星进入同步轨道 III，绕地球做匀速圆周运动。

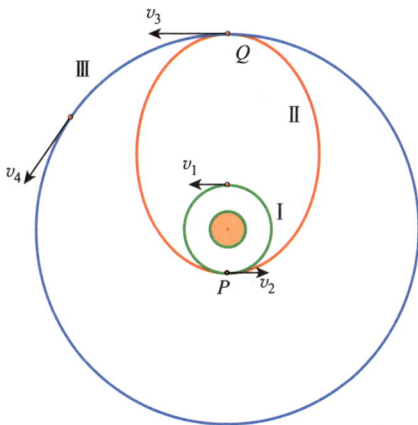

图 3-49   卫星变轨的轨道模型

第一次加速时，卫星需要的向心力 $\dfrac{mv^2}{r}$ 增大了，但万有引力 $\dfrac{GMm}{r^2}$ 没变，因此卫星开始做离心运动，进入椭圆形的转移轨道 II。点火过程中卫星的线速度增大。

在转移轨道上，卫星从近地点 P 向远地点 Q 运动的过程中只受重力作用，重力做负功，速度减小。在远地点 Q 时如果不进行再次点火，卫星将继续沿椭圆轨道运行，从远地点 Q 回到近地点 P，不会自动进入同步轨道。这种情况下卫星在 Q 点受到的万有引力大于以速率 v_3 沿同步轨道运动所需的向心力，因此卫星做向心运动。

为使卫星进入同步轨道，在卫星运动到 Q 点时必须再次启动卫星上的小火箭，短时间内使卫星的速率由 v_3 增加到 v_4，使它受到的向心力 $\dfrac{mv_4^2}{r}$ 增大到和该位置的万有引力相等，这样就能使卫星进入同步轨道Ⅲ而做匀速圆周运动。

可见，要使卫星由较低的圆轨道进入较高的圆轨道，即增大轨道半径（增大轨道高度 h），一定要给卫星增加能量。

假设霍曼转移轨道的近地点和远地点的高度分别是 r_1、r_2，对应的速度分别是 v_1、v_2，则椭圆转移轨道的长半轴为 $a = \dfrac{r_1 + r_2}{2}$。

动能 $E_k = \dfrac{1}{2}mv^2$，引力势能 $E_p = -\dfrac{GM}{r}$（无穷远处为 0 势能面），由机械能守恒和角动量守恒（开普勒第二定律）得：

$$\begin{cases} \dfrac{1}{2}v_1^2 - \dfrac{GM}{r_1} = \dfrac{1}{2}v_1^2 - \dfrac{GM}{r_2} \\ v_1 r_1 = v_2 r_2 \end{cases}$$

所以

$$v_1^2 r_1 r_2 - 2GMr_2 = \frac{r_1^2}{r_2^2}v_1^2 r_1 r_2 - 2GMr_1$$

$$v_1^2 r_1 r_2 \left(1 - \frac{r_1^2}{r_2^2}\right) = 2GM(r_2 - r_1)$$

$$\frac{r_1}{r_2}v_1^2(r_2^2 - r_1^2) = 2GM(r_2 - r_1)$$

$$\frac{r_1}{r_2}v_1^2(r_2 + r_1) = 2GM$$

$$v_1^2 = 2GM\frac{r_2}{r_1(r_2 + r_1)} = 2GM\left(\frac{1}{r_1} - \frac{1}{r_2 + r_1}\right)$$

$$v_1^2 = GM\left(\frac{2}{r_1} - \frac{1}{a}\right)$$

$$v_1 = \sqrt{GM\left(\frac{2}{r_1} - \frac{1}{a}\right)}$$

设轨道上任意一点的轨道速度和轨道高度分别为 v、r，由机械能守恒得：

$$\frac{1}{2}v_1^2 - \frac{GM}{r_1} = \frac{1}{2}v^2 - \frac{GM}{r}$$

代入 $v_1^2 = GM\left(\dfrac{2}{r_1} - \dfrac{1}{a}\right)$ 得：

$$GM\left(\frac{2}{r_1} - \frac{1}{a}\right) - \frac{2GM}{r_1} = v^2 - \frac{2GM}{r}$$

化简得

$$v^2 = GM\left(\frac{2}{r} - \frac{1}{a}\right)$$

$$v = \sqrt{GM\left(\frac{2}{r} - \frac{1}{a}\right)}$$

这就是同一轨道内，轨道速度和轨道高度的关系。

假设中心天体的半径为 R，质量为 M，引力常量为 G，低正圆轨道距离天体表面的轨道速度和轨道高度分别为 v_1、h_1，高正圆轨道距离天体表面的轨道速度和轨道高度分别为 v_2、h_2，霍曼转移椭圆轨道的近地点速度和远地点速度分别为 v_3、v_4，则有

$$v_1 = \sqrt{\frac{GM}{R + h_1}}$$

$$v_2 = \sqrt{\frac{GM}{R + h_2}}$$

$$v_3 = \sqrt{2GM\left(\frac{1}{R + h_1} - \frac{1}{2R + h_1 + h_2}\right)}$$

$$v_4 = \sqrt{2GM\left(\frac{1}{R + h_2} - \frac{1}{2R + h_1 + h_2}\right)}$$

$$\Delta v = v_3 - v_1 + v_2 - v_4 = \sqrt{\frac{GM}{R + h_1}}$$

$$\Delta v = \sqrt{2GM\left(\frac{1}{R + h_1} - \frac{1}{2R + h_1 + h_2}\right)} - \sqrt{2GM\left(\frac{1}{R + h_2} - \frac{1}{2R + h_1 + h_2}\right)} +$$

$$\sqrt{\frac{GM}{R + h_2}} - \sqrt{\frac{GM}{R + h_1}}$$

【问题四】卫星在椭圆轨道上运动的周期如何计算？

飞船沿半径为 R 的圆周绕地球运动，周期为 T，如果飞船要返回地面，可在轨道上某一点 A 处将速率降低到适当值，从而使飞船沿着以地心为焦点的椭圆轨道运动，椭圆与地球表面在 B 点相切，地球半径为 R_0，如图 3-50 所示。求飞船由 A 点到 B 点所需的时间。

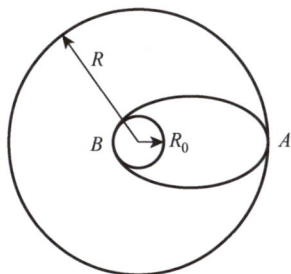

图 3-50　卫星运行的轨道

根据开普勒第三定律，所有地球的卫星，无论轨道是圆还是椭圆，它们运动周期的 2 次方和半长轴的 3 次方之比是定值。圆形轨道的半长轴就是圆的半径。

设飞船的椭圆轨道的半长轴为 a，由图 3-50 可知 $a = \dfrac{R_0 + R}{2}$，设飞船沿椭圆轨道运行的周期为 T'，由开普勒第三定律得：$\dfrac{R^3}{T^2} = \dfrac{a^3}{T'^2}$，飞船从 A 到 B 的时间 $t = \dfrac{T'}{2}$，由以上三式求解得：

$$t = \frac{T}{2}\sqrt{\frac{(R_0 + R)^3}{8R^3}} = \frac{T}{4}\sqrt{\frac{(R_0 + R)^3}{2R^3}}$$

小测试

（1）（2021 年高考全国乙卷物理 5）科学家对银河系中心附近的恒星 S2 进行了多年的持续观测，给出 1994 年到 2002 年间 S2 的位置如图 3-51 所示。科学家认为 S2 的运动轨迹是半长轴约为 1000AU（太阳到地球的距离为 1AU）的椭圆，银河系中心可能存在超大质量黑洞。这项研究工作获得了 2020 年诺贝尔物理学奖。若认为 S2 所受的作用力主要为该大质量黑洞的引力，设太阳的质量为 M，可以推测出该黑洞质量约为（   ）。

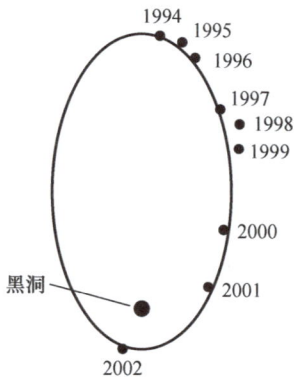

图 3-51　S2 的位置

A. $4 \times 10^4 M$　　　　B. $4 \times 10^6 M$　　　　C. $4 \times 10^8 M$　　　　D. $4 \times 10^{10} M$

参考答案：B

（2）2019 年 12 月 20 日，国防科技大学领衔研制的我国天基网络低轨试验双星在太原卫星发射中心搭载 CZ-4B 火箭成功发射，双星顺利进入预定轨道，假设两个质量分别为 m_1 和 m_2（$m_1 > m_2$）的星体 A 和 B 组成一个双星系统，二者中心之间的距离为 L，运动的周期为 T，万有引力常量为 G，下列说法正确的是（　　）。

A. 因为 $m_1 > m_2$，所以星体 A 对星体 B 的万有引力大于星体 B 对星体 A 的万有引力

B. 星体 A 做圆周运动的半径为 $\dfrac{m_2}{m_1 + m_2}L$

C. 星体 B 的线速度大小为 $\dfrac{2\pi m_2 L}{(m_1 + m_2)T}$

D. 两星体的质量之和为 $\dfrac{4\pi^2 L^3}{GT^2}$

参考答案：BD

（3）有一对相互环绕旋转的超大质量双黑洞系统，如图 3-52 所示。若图中双黑洞的质量分别为 M_1 和 M_2，它们以两者连线上的某一点为圆心做匀速圆周运动。根据所学知识，下列说法中正确的是（　　）。

A. 双黑洞的角速度之比 $\omega_1 : \omega_2 = M_2 : M_1$

B. 双黑洞的轨道半径之比 $r_1 : r_2 = M_2 : M_1$

C. 双黑洞的线速度大小之比 $v_1 : v_2 = M_1 : M_2$

D. 双黑洞的向心加速度大小之比 $a_1 : a_2 = M_2 : M_1$

参考答案：BD

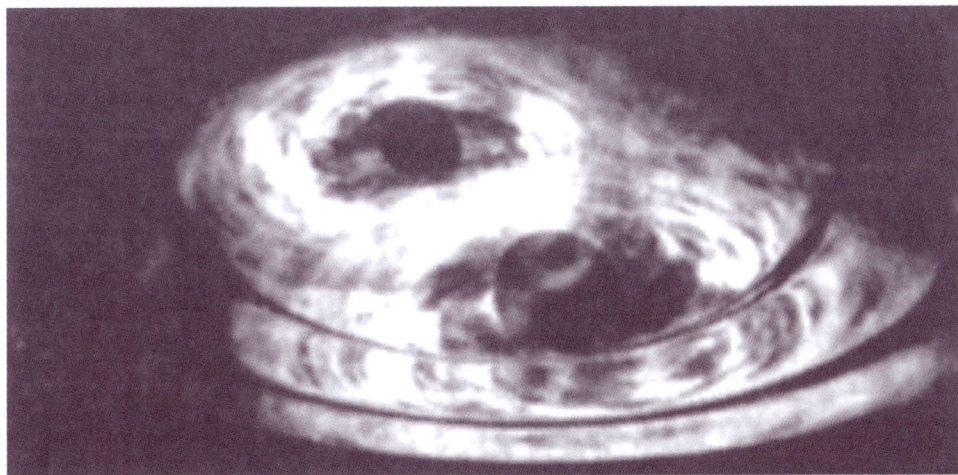

图 3-52　超大质量双黑洞系统

案例 5　最优地火转移轨道的设计

? 提 问

如果从地球上发射一个火星探测器，最优的地火转移轨道是什么样的呢？

导 读

2020 年 7 月 23 日，我国"长征五号遥四"运载火箭在文昌航天发射场成功发射"天问一号"探测器，这是我国首次执行火星探测任务，我国迈出了行星探测的第一步。

2020 年被称作"火星年"，因为这一年多个国家开展了火星探测任务：2020年 7 月 20 日，阿联酋发射了"希望号"火星探测器；2020 年 7 月 23 日，中国发射了"天问一号"火星探测器；2020 年 7 月 30 日，美国发射了"火星 2020"探测器。三个国家先后在十几天的时间里发射探测器开展火星探测的科学任务。欧空局的火星探测"ExoMars"本来也预计在这个时间发射，但由于种种原因被延误至 2022 年 9 月份。

为什么这么多国家选择这个时间发射火星探测器呢？为什么欧空局选择 26个月以后再次开展火星探测呢？

⇄ 基础理论和知识介绍

1. "最优"的地火转移轨道

地球和火星的距离太远了，当地球和火星各自沿轨道运行时，两者最近的距离有 5600 万千米，而最远时约有 4 亿千米，如图 3-53 所示。所以从地球上发射火星探测器，通常会选择一条能量最节省的地火转移轨道。那么怎样的轨道能量最节省呢？1925 年，德国数学家沃尔特·霍曼提出了一条最节省能量的方案，就是让探测器沿着一条椭圆轨道飞行，这条椭圆轨道一端与地球公转轨道相切，一端与火星公转轨道相切，如图 3-54 所示，轨道 1 和轨道 2 分别是地球和火星围绕太阳做匀速圆周运动的轨道，轨道 3 就是标准的霍曼转移轨道。

霍曼转移轨道为什么是最节省能量的转移轨道呢？下面通过建立模型加以讨论。假设地球和太阳围绕着太阳做匀速圆周运动，且两个圆轨道所在的平面共面，忽略地球自转，并且只考虑太阳对探测器的引力作用，所有的运动速度均以太阳为参考系进行分析。

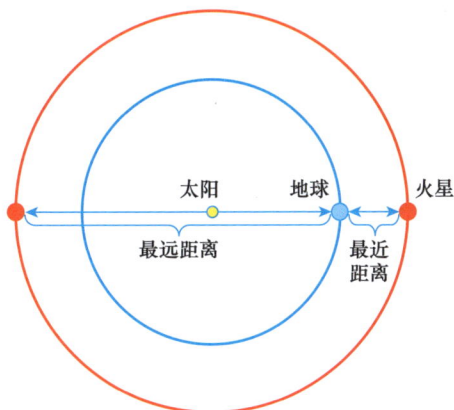

图 3-53　地球与火星相对于太阳的位置关系

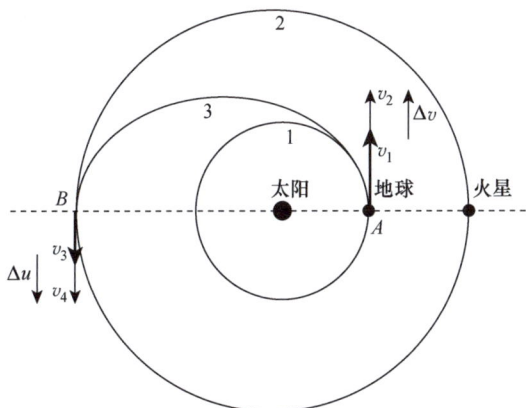

图 3-54　霍曼转移轨道

图 3-54 中地球围绕太阳公转速度为 v_1，火星围绕太阳的公转速度为 v_2，由于地球和火星均围绕太阳做匀速圆周运动，有：

$$G\frac{Mm}{r_{地}^2} = m\frac{v_1^2}{r_{地}}, \quad G\frac{Mm}{r_{火}^2} = m\frac{v_4^2}{r_{火}} \tag{3-6}$$

解得：

$$v_1 = \sqrt{\frac{GM}{r_{地}}}, \quad v_4 = \sqrt{\frac{GM}{r_{火}}} \tag{3-7}$$

火星探测器沿着霍曼转移轨道 3 与地球公转轨道 1 相切于 A 点，和火星公转轨道 2 相切于 B 点。探测器从 A 点沿着地球公转的切线方向以速度 v_2 发射，沿着霍曼转移轨道 3 运动到火星轨道 B 点速度为 v_3，最终在 B 点由速度 v_3 变为火星的公转速度 v_4 被火星捕获。在探测器由 A 点的发射速度 v_2 到以速度 v_3 到达 B

点的过程中只有万有引力做功，故机械能守恒，有：

$$\begin{cases} \dfrac{1}{2}mv_2^2 + \left(-\dfrac{GMm}{r_地}\right) = \dfrac{1}{2}mv_3^2 + \left(-\dfrac{GMm}{r_火}\right) \\ v_2 r_地 = v_3 r_火 \end{cases} \tag{3-8}$$

解得：

$$v_2 = \sqrt{\dfrac{2GMr_火}{r_地(r_地 + r_火)}} = v_1\sqrt{\dfrac{2r_火}{r_地 + r_火}}$$

$$v_3 = \sqrt{\dfrac{2GMr_地}{r_火(r_地 + r_火)}} = v_4\sqrt{\dfrac{2r_地}{r_地 + r_火}} \tag{3-9}$$

由于 $r_火 > r_地$，故 $v_2 > v_1$，$v_4 > v_3$。也就是说，探测器在 A 点和 B 点均需要加速才能顺利地将探测器从地球送到火星，而加速需要消耗探测器（或火箭）所携带的燃料。如果探测器沿着地火转移轨道 3 运行，则从发射到被火星捕获需要消耗燃料提供的能量为：

$$E = E_A + E_B = \left(\dfrac{1}{2}mv_2^2 - \dfrac{1}{2}mv_1^2\right) + \left(\dfrac{1}{2}mv_4^2 - \dfrac{1}{2}mv_3^2\right) \tag{3-10}$$

下面来证明霍曼转移轨道 3 是所有以相同发射速度 v_2 发射的轨迹中，是能量最节省的轨道。以速度 v_2 与 v_1 速度方向夹角为 θ 的角度发射探测器，如图 3-55 所示，使其沿着轨道 4 到达 C 点被火星捕获，由于从地球公转轨道 A 点到火星公转轨道 C 点探测器受到太阳的万有引力做功相同，故到达 C 点后的速度 v_3 与图 3-54 中的 v_3 大小相等，方向与 C 点处火星的公转速度 v_4 方向夹角为 α。

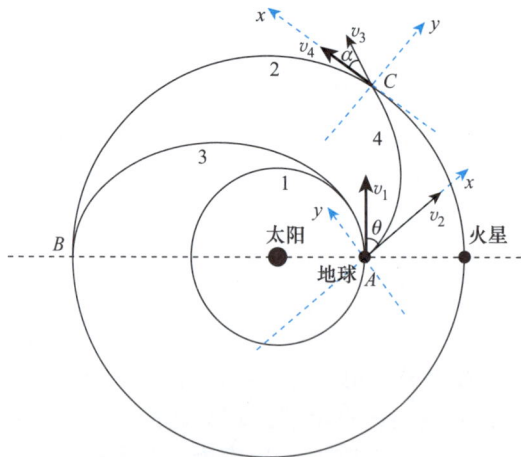

图 3-55　探测器以任意角度以速度 v_2 发射的转移轨道

过 A 点建立沿着 v_2 方向的坐标轴 x 轴和垂直于 v_2 的 y 轴，探测器以地球公转速度 v_1 变为以速度 v_2 从地球上发射，消耗的燃料既要使得 v_1 在 y 轴方向上的分速度降为 0，同时又要让 v_1 在 x 轴方向的分速度增大为 v_2。同理在 C 点沿着 v_4 方向建立 x 轴，垂直于 v_4 方向建立 y 轴，在 C 点被火星捕获时，探测器需要消耗燃料使得速度由 v_3 变为 v_4，即将 v_3 在 y 轴方向的分速度降为 0，增大 v_3 在 x 轴方向的分速度，则探测器沿着轨道 4 到达火星时候，需要消耗燃料提供的能量为：

$$E' = E_A + E_C = \left\{ \frac{1}{2}m(v_1\sin\theta)^2 + \frac{1}{2}m\left[v_2^2 - (v_1\cos\theta)^2 \right] \right\} + \frac{1}{2}m(v_3\sin\alpha)^2 +$$

$$\left\{ \frac{1}{2}m\left[v_4^2 - (v_3\cos\alpha)^2 \right] \right\} \tag{3-11}$$

将式（3-10）与式（3-11）联立，可得：

$$E' = E + mv_1^2\sin^2\theta + mv_3^2\sin^2\alpha \tag{3-12}$$

由推导结果（3-12）可知，当探测器以一定的速度发射时，发射角度不同，所消耗的能量也不同，但沿着任意轨道 4 所消耗的能量都大于霍曼转移轨道 3 所消耗的能量。并且，随着发射速度的改变，（这里的角度 θ 与 α 均小于 90°，若是大于 90°，即探测器发射方向与火星公转方向相反，需要消耗更多的能量），当 θ 与 α 从 90° 逐渐减小到 0° 的过程中，E' 在逐渐的减小，一直到 $\theta=\alpha=0°$ 时消耗最小能量为 E，即可证明霍曼转移轨道 3 是探测器从地球运行到火星过程中最节省能量的一种方案。

但是这种方案也有其弊端，就是探测器的运行时间太长了，是靠牺牲时长来节省燃料的方案；反之，运行时间短的方案要消耗的燃料也会更大，所以在实际的工程问题中，能量因素和时间因素是工程师们确定地火转移轨道需要考虑的主要因素。目前的火星探测器只是去火星完成一些科学任务，只需要从最节省能量的角度选择转移轨道就可以了。如果未来我们需要载人去火星，那么就要既考虑消耗的燃料问题，又要考虑运行时间，权衡出选取一个更合适的方案。

⊕ 科学实验与计算

探测器地火转移发射窗口期的时间间隔是多久呢？

如图 3-56 所示，地火转移轨道选定了以后，就要选择一个合适的发射时机，以保证探测器到达火星轨道时刚好被火星捕获，发射探测器时地球和火星此时恰好的位置关系就是所谓的窗口期。每当火星相对于太阳的位置领先于地球44°左右的时候，从地球发射的探测器经过一个椭圆的转移轨道，刚好会在几个月后与火星自然相遇。

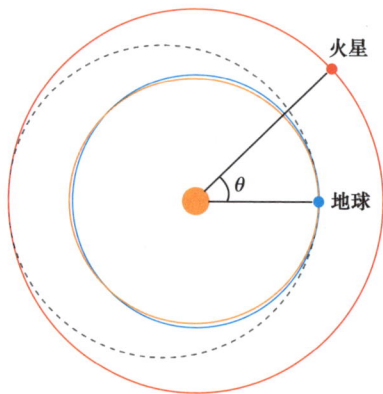

图 3-56　以霍曼转移轨道发射探测器的地火起始位置关系

已知地球的公转周期为 365 天，火星的公转周期为 687 天，两个行星各自围绕太阳做匀速圆周运动，地球的角速度大于火星的角速度，从这一次窗口期的位置开始，到下一次窗口期的到来可以看作两行星的追及问题，追及路程为 2π，两者的追及角速度为 $\omega_{地球} - \omega_{火星}$，追及路程除以追及角速度即为追及时间，也就是再次到达窗口期的时间间隔：

$$\Delta t = \frac{2\pi}{\Delta\omega} = \frac{2\pi}{\omega_{地球} - \omega_{火星}} = \frac{2\pi}{\dfrac{2\pi}{T_{地球}} - \dfrac{2\pi}{T_{火星}}} \approx 778 \text{ 天} \approx 26 \text{ 月}$$

这就探测火星窗口期为 26 个月一次的由来。也是因为这个原因，欧空局的"ExoMars"火星探测计划没有赶上 2020 年 7 月份发射，就只能等到 26 个月以后的 2022 年的 9 月份再次发射火星探测器。

✋ 小记者提问

【问题一】我国的"天问一号"探测器从地球发射到火星，经历了哪些阶段？

"天问一号"火星探测器从地球到火星经历了六个阶段（见图 3-57）：发射

段、地火转移段、火星捕获段、火星停泊段、离轨着陆段、科学探测段，其中历时最长的就是地火转移段。

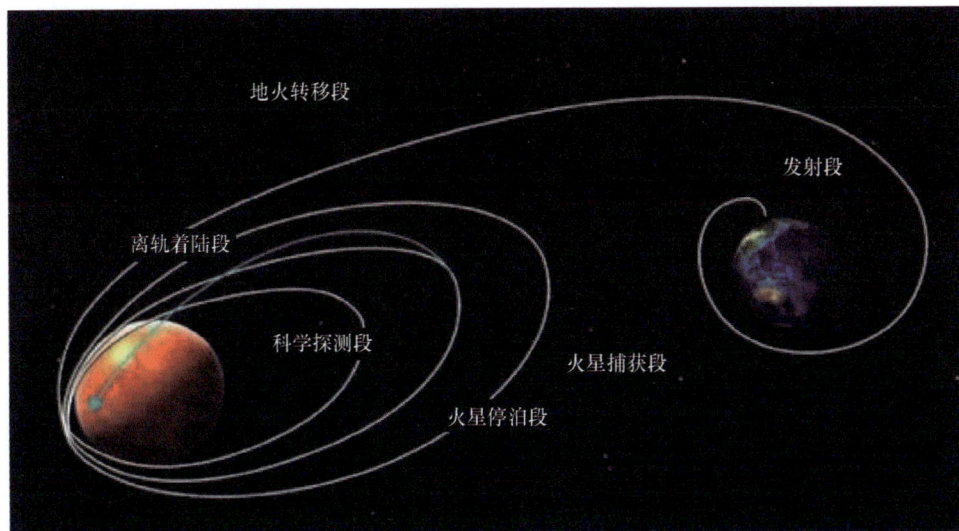

图 3-57　"天问一号"从地球到火星经历的六个阶段

【问题二】如果"天问一号"沿着能量最节省的霍曼转移轨道运行，从发射到被火星捕获的时间是多久？

假设火星探测器"天问一号"选择的是最节省能量的霍曼转移轨道运行，地球圆轨道半径为 $r_{地球} = 1.5 \times 10^{11}$ m，火星公转圆轨道半径为 $r_{火星} = 2.3 \times 10^{11}$ m，则霍曼转移轨道椭圆半长轴 a 为：

$$a = \frac{r_{地球} + r_{火星}}{2} = 1.9 \times 10^{11} \text{ m}$$

地球公转周期 365 天，设椭圆轨道的周期为 T，根据开普勒第三定律：

$$\frac{r_{地球}^3}{T_{地球}^2} = \frac{a^3}{T^2}$$

解得探测器沿着霍曼转移轨道运行的时间为：

$$t = \frac{T}{2} \approx 260 \text{ 天}$$

当然，这是将地球与火星的模型简化，即认为地球和火星在同一平面上、沿同一方向绕太阳做匀速圆周运动得到的理论结果，真实地球与火星的轨道并不是规则的圆周运动，而且两个星球运行时所在的轨道也并不共面，所以天问一号经历地火转移的真实时间与 260 天存在一些偏差，也是正常的。

小测试

（1）我国的火星探测器"天问一号"是（　　）发射的。

A. 2021 年　　　　　　B. 2020 年　　　　　　C. 2022 年

参考答案：B

（2）中国是第（　　）个登陆火星的国家。

A. 一　　　　　　　　B. 二　　　　　　　　C. 三

参考答案：C

（3）目前最优的地火转移轨道是在哪个方面"最优"？（　　　）

A. 最节省时间　　　　B. 最节省能量　　　　C. 定位目标地最准确

参考答案：B

案例6　卫星与地面的通信

? 提 问

你们知道太空中的卫星是如何与地面进行通信的吗？

导 读

2013 年 6 月 20 日上午 10 时，"神舟十号"载人飞船上的航天员王亚平在太空中为全国的中学生讲授了一堂别开生面的科学课，50 分钟的时间里，航天员开展了质量测量、单摆运动、陀螺、水膜和水球等太空试验，展示了太空失重环境下物体的运动、液体表面张力等平时在地面不可能观察到的有趣的物理现象。全国 8 万余所中学的 6000 万名师生在地面教室中，共同观看了这堂精彩的"太空授课"。

大家都知道，我们平时在家中如果想使用手机或者平板电脑观看学校的网络授课视频，都需要让这些电子设备先连接家中的无线网络，使用"WiFi"或者"流量"来传输视频信息。那么，同学们是否想过，在遥远的太空中，要把神舟飞船上航天员授课的视频信号实时地传递到地面在电视上同步播出，依靠什么途径呢？航天员也是用和手机一样的"WiFi"和"流量"来直播授课的吗？

基础理论和知识介绍

1. 电磁波

生活中处处存在着波动现象：水滴在平静的水面激起的涟漪（见图 3-58），乐器演奏出的优美旋律，这些都是由机械振动产生的机械波。而当金属导体中通以高频率的交变电流时，金属导体就会向四周空间发射另一种波，这就是电磁波。电磁波与水波、声波一样，都具有波动的特性，但也有自己的独特之处。

大量实验结果表明：当导体中通过的电流发生快速变化时，导体就会向周围空间发射电磁波。我们可以用一条正弦或余弦曲线来形象地描述电磁波，这样的曲线称为"波形图"。电磁波在空间中的传播，可以想象成是这样的一条曲线沿着坐标轴的方向不断移动。与水波和声波类似，电磁波具有波长、频率和波速等。

相邻的两个波峰（或波谷）的距离，叫做波长，用字母 λ 表示，波长的单位是米（m）。电磁波传播的快慢叫做波速，用字母 v 表示，单位是米/秒（m/s）。电磁波每秒向前传播的波长数叫做频率，用字母 f 表示，频率的国际单位是

图 3-58　水滴在水面激起水波

赫兹（Hz）。

波速、波长、频率三者之间的关系为：

$$波速 = 波长 \times 频率$$

用字母表示即：

$$v = \lambda f$$

实际上，电磁波在真空中的传播速度为一个常数，可以用字母 c 表示，$c = 3.0 \times 10^8 \text{m/s}$，真空中的光速是物理学中非常重要的一个常量。从上面的公式也可以看出，由于电磁波的波速 $v = c$，是一个常量，因此对任意波长的电磁波而言，它的频率也是确定的，所以我们描述某个特定波长的电磁波，也可以说这是某个特定频率的电磁波，这两种说法是等价的，我们也经常会在不同的地方看到这两种表述方法。

2. 电磁波谱

频率（或波长）是描述电磁波性质的一个重要参数，是我们区分不同类型电磁波的重要依据，而我们根据电磁波的频率（或波长）大小顺序把它们排列在一起，组成一张频率（或波长）依次连续变化的"表格"，这张表格就叫作电磁波谱，如图 3-59 所示。

电磁波谱比较形象地描述了不同频率电磁波的波长对应的大概空间尺度大小。此外，不同频率区间的电磁波还具有各自的特定名称，例如可以直接被人眼观察到的"可见光"。在电磁波谱上，不同频率的电磁波具有各自不同的特性和用途。

（1）无线电波。波长大于 1mm（频率小于 300GHz）的电磁波是无线电波，无线电波用于通信、广播和其他信号传输。

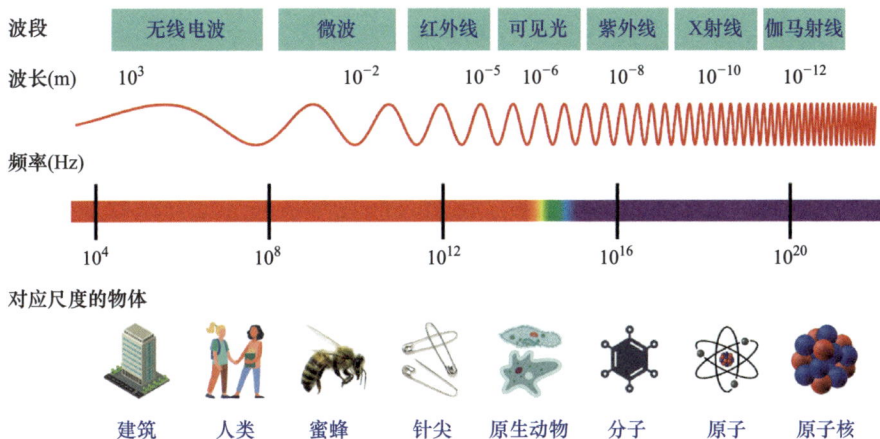

图 3-59　电磁波谱

（2）微波。微波的频率范围为 300MHz～300GHz（对应波长为 1m～1mm）。微波最典型的应用是微波炉，它利用了某些特定的极性分子（例如水分子）会吸收特定频率的电磁波能量的原理来快速加热食物。

（3）红外线。红外线的频率介于微波和可见光之间。室温下物体所发出的热辐射多在此波段，因此可以借助物体的热辐射进行红外探测。

（4）可见光。可见光是波长为 400～700nm 的电磁波，这一范围内的电磁波也称光波，可以被人类的眼睛侦测感知到。平常我们看上去颜色不同的光实际上就是光波的波长（或频率）不同，见表 3-12。

表 3-12　不同颜色光对应的波长

颜色	红	橙	黄	绿	蓝-靛	紫
真空中波长 λ/nm	620～700	600～620	580～600	490～580	450～490	400～450

（5）紫外线。波长比紫光还要短的电磁波已经无法被人眼看见。波长范围为 5～370nm 的电磁波称为紫外线。紫外线具有较高的能量，足以破坏生物的细胞核，因此可以利用紫外线灭菌消毒。太阳光中包含大量的紫外线成分，过强的光照会伤害人的眼睛和皮肤。许多物质在紫外线照射下会发出荧光，因此还可以利用紫外线设计防伪措施（例如纸币）。

（6）X 射线。X 射线波长比紫外线更短，也具有更高的能量。X 射线能够透过大多数物质，因此医学上可以用 X 射线来检查人体内部的器官，机场和车站等地的安检机也是使用 X 射线来快速检查包装内的物品，这两个领域可能是 X 射线技术应用最广泛的地方。此外工业上还可以利用 X 射线检查金属内部的缺陷。

（7）伽马射线。伽马射线是由保罗·维拉尔于 1900 年研究镭元素辐射时发现的。伽马射线是能量最高的电磁波，其频率没有定义上限。天文学家时常会研究高能量天体发射的伽马射线，从测得的数据可以了解宇宙中遥远天体的结构与行为。伽马射线辐照能够灭菌，被用于保持食品和种子的新鲜。在医学方面，伽马射线可以摧毁病变的细胞，用来治疗某些癌症。

3. 电磁波与无线通信

我们都听说过周代"烽火戏诸侯"的故事，在遥远的春秋战国时期，人们在隔山相望的烽火台上点燃狼烟传递战争的信息。而在人类文明几千年的漫长发展历程中，大部分时间里，一直使用的传递信息方式都是书信，"邮"为步递，"驿"为马递，通过"邮驿"传递信件。中国从秦代直至清代，都设有全国范围的驿站（见图 3-60），满足官方信息和军事情报传递的需要，"驿传"成为有组织的通信方式。不难想象，在几千年的时间里，这样传递书信的通信方式是非常费时费力的。

图 3-60　河北鸡鸣驿是我国迄今为止发现的保存最完整的古代驿站

19 世纪末，德国伟大的物理学家海因里希·鲁道夫·赫兹发现了电磁波，自此人类的通信方式开始发生根本性的巨大变革。

前面说过，电磁波的波速是 $3.0 \times 10^8 \text{m/s}$，以这样的速度在地球上绕地球赤道一圈也只需要 0.13s，这是真正意义上的"秒传"！相比于传统的书信等方式，如果能让电磁波成为"信使"，那人类传递信息的速度就可以大大加快了！此外，电磁波的传播不需要借助任何介质，这一独特的优势也让人类使用电磁波作为信息的载体实现无线通信成为可能。

19世纪到20世纪，电报、电话的相继发明开启了通信的新时代，人们既可以利用金属导线来传递信息，也能够借助电磁波来进行无线通信，真正意义上实现了"千里传音"。时至今日，电磁波一直是无线通信领域的唯一"主角"，在通信技术不断发展进步的历程中发挥着巨大的作用。

这里提一个问题，我们日常生活中经常接触的无线通信方式有哪些？

大家可能会想到：广播、电视、红外、蓝牙、NFC、WiFi，还有经常出现在科技和财经新闻中的2G、3G、4G、5G、6G……我们能想起各种各样甚至都有些"稀奇古怪"的无线通信名词，它们都和电磁波有关吗？没错，这些通信技术使用的信息载体无一例外都是电磁波，虽然它们听起来各不相同，各自经常出现的场合也没有太多关系，但实际上它们并没有本质上的区别，仅仅是使用的电磁波频率以及通信过程中控制电磁波加载信息的方法有所不同而已。如果离开了这些，我们的世界会是什么样子？我们现在已经很难想象这样一个没有使用电磁波进行通信的世界会变成什么样了。可以说，没有电磁波的发现和无线通信技术的不断发展，就没有我们现在所身处的这个高效便捷而又丰富多彩的世界。

表 3-13 列出了常见的无线通信电磁波频谱划分。

表 3-13 常见的无线通信电磁波频谱划分

名称	符号	频率	波段	波长	常见用途
		≤3Hz		≥100000km	
极低频	ELF	3～30Hz	极长波	100000～10000km	潜艇通信或直接转换成声音
超低频	SLF	30～300Hz	超长波	10000～1000km	直接转换成声音或交流输电系统（50～60Hz）
特低频	ULF	300～3000Hz	特长波	1000～100km	矿场通信或直接转换成声音
甚低频	VLF	3～30KHz	甚长波	100～10km	直接转换成声音、超声、地球物理学研究
低频	LF	30～300KHz	长波	10～1km	国际广播、全向信标
中频	MF	300～3000KHz	中波	1000～100m	调幅（AM）广播、全向信标、海事及航空通信
高频	HF	3～30MHz	短波	100～10m	短波、民用电台
甚高频	VHF	30～300MHz	米波	10～1m	调频（FM）广播、电视广播、航空通信
特高频	UHF	300～3000MHz	分米波	1000～100mm	电视广播、无线电话通信、无线网络、微波炉
超高频	SHF	3～30GHz	厘米波	100～10mm	无线网络、雷达、人造卫星接收
极高频	EHF	30～300GHz	毫米波	10～1mm	射电天文学、遥感、人体扫描安检仪
至高频	THF	0.3～3THz	丝米波	1～0.1mm	回旋管、人体扫描安检仪等

无线通信技术对人类航天探索的进程也起到了至关重要的推动作用，这里最经典的一个例子是登陆月球的宇航员之间的通信。

大家知道，声音是一种机械波，它的传播需要介质。我们平时面对面交谈，能互相听到对方说话，就是因为空气充当了声音传播的介质。在遥远的月球表面，由于没有空气，登陆到月球表面的宇航员即使面对面大喊也互相听不见。因此宇航员的登月航天服里都会安装无线电通信装置，把声音信号转化成电信号，再发射电磁波把信号传送给对方，说得通俗一些，这就相当于每个宇航员虽然面对面，但沟通时也只能拿着手机"打电话"。

近在咫尺的宇航员在月球表面通信都需要借助电磁波，更不用说相距遥远的各种卫星和飞船了，无论是宇宙中飞行的航天器之间，还是这些航天器与地球之间，要实现信息的传递，使用以电磁波为信息载体的无线通信是唯一的手段，如图 3-61 所示。

卫星通信的特点是频带宽，容量大，覆盖范围广，基本不受气候影响，可以进行话音、图像、数据等各种信息传输和多媒体连接。卫星通信是信息时代重要的通信手段之一，在通信和国防等各个领域已经得到广泛的应用，并且仍然处于快速发展的状态。

图 3-61　航天器与地球站（或航天器）之间通信的基本形式

科学实验与计算

1. 实验："近距离"观察电磁波

器材：收音机、干电池、导线

实验：打开收音机，转动调谐旋钮至无电台处，再调音量旋钮，使音量大些。取一节干电池和一根导线，先将导线的一端跟电池的一个极相接，再用导线的另一端摩擦电池的另一个极（注意不要长时间接通导线防止短路）。听听收音机有什么反应。为什么会有这样的反应？

你的发现：

你的问题：

2. 计算：估算电磁波信号的传输时间

地球到太阳的距离是 1.496×10^8 km，美国宇航局 2006 年发射、已经向太阳系边缘方向飞行了 13 年的"新视野"号探测器，在 2019 年 1 月飞掠 66 亿公里之外的小行星"天涯海角"，刷新了人类探测宇宙的最遥远纪录，而这个距离也仅仅是到达了太阳系的边缘。用前面给出的电磁波波速 $c = 3.0 \times 10^8$ m/s 试着估算一下电磁波信号从太阳和"新视野"号传到地球需要多长时间，从这里感受一下茫茫宇宙的浩瀚无边。

答案：时间分别为约 8.3min 和 366.7min。

小记者提问

【问题一】典型的无线通信系统是由哪些部分组成的？

典型的无线通信系统可以分成三个部分：发射端、无线信道、接收端。图 3-62 表示了这几个部分的结构。

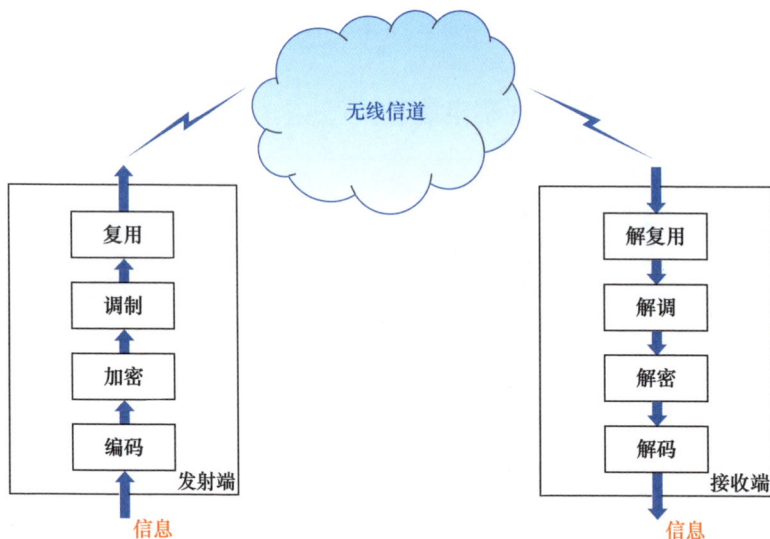

图 3-62　无线通信系统框图

（1）发射端。发射端对需要传送的信息进行预先处理。通常无线通信的发射端包含编码器、加密、调制、多路复用以及信号放大等部分。来自信源的信号（一般指电路中的电信号）首先经过信源编码器转换成适用于信号处理的适当形式。在此过程中，信号中的冗余信息被过滤以最大程度地利用通信系统资源；通过加密系统可以对传递的信息进行加密以确保信息的安全；信道编码技术可以减少信号中掺入的噪声和干扰对信号本身带来的影响；此外，对信号进行调制，可以使其更加容易被天线传送以及被接收端所接收；复用技术能够提高无线通信系统对电磁波资源的利用率，让电磁波携带更多的有用信息，提高信息传递的效率；最后，电磁波携带者需要传送的信息，由发射天线传送到空间中。

（2）无线信道。信道就是信号传输的介质，对于无线通信而言，信道包括从地球表面到遥远太空的整个开放空间。

（3）接收端。接收器的工作是从通道收集信号并将其重现为源信号。无线通信系统的接收路径包括解复用、解调、信道解码、解密和源解码。从接收路径的组成部分可以明显看出，接收器的任务与发送器的任务恰好相反：接收天线负责接收空间中的电磁波，多路分解器接收并将不同通道的信号分离。解调器负责对信号进行解调，恢复出电磁波中携带的原始消息信号；通道解码器则可以用来去除信号中的冗余信息；对于加密过的消息，还需要经过解密；最后由源解码器获取原始传输的信号，作为接收端的输出。

无论是我们平常再熟悉不过的手机、收音机、蓝牙设备、WiFi 网络，还是宇宙中的卫星和飞船，它们的无线通信系统几乎都是由这样几个部分构成的。

【问题二】卫星上的天线为什么是一个锅盖的形状？

实际上不仅是卫星上的天线，负责与卫星通信的卫星地面站里最常见的天线也是一口"大锅盖"的形状，如图 3-63 所示，这样的天线叫作抛物面天线。

图 3-63　卫星和地面站都使用了"锅盖"形状的抛物面天线

其实早在公元前两百多年，古希腊伟大的哲学家阿基米德就已经掌握了抛物面中的科学原理。据记载，罗马帝国的海军舰队进攻邻国叙拉古，国王情急之下向城中年逾七十的阿基米德求援，于是阿基米德指挥士兵们在城墙上树起了一面巨大的抛物面反射镜，用它汇聚起太阳光瞬间烧毁了敌方的军舰。

这背后蕴含的物理学原理是，抛物面可以将射入的平行光束汇聚到一点。无线通信中使用的抛物面天线和汇聚太阳光的抛物面反射镜类似，可以将所有平行入射到天线范围内的电磁波汇聚到天线前方的一点上，这一点获得很强的电磁波信号。很多时候，卫星或地面发射的电磁波经过宇宙空间中遥远距离的传输，会变得非常微弱，在无线信号的接收端使用抛物面天线，可以汇聚收集到更多的信号，很好地提高探测的效率。

可以说，抛物面天线"锅盖"的面积越大，能接收的电磁波能量也就越高。在 20 世纪 90 年代，神舟飞船等航天器轨道高度通常只有几百千米，此时与飞船通信的地面站以及"远望"测量船上采用口径 10m 左右的天线就可以满足通信的需求了。2004 年，我国启动嫦娥探月工程，月球距地球 38 万千米之遥，月球探测器传回地球的信号比在地面几百千米高度飞行的载人航天飞船传回的信号要衰减很多，必须使用更大口径的天线才能接收到如此遥远的微弱电磁波信号。为此，我国建立了口径 18m、35m 以及 66m 的大天线，有效地保障了"嫦娥"探月飞船与地球地面站之间的无线信号传输。

在这里还需要说明一个问题，卫星上用来发射和接收电磁波信号的天线还有双线螺旋天线、波导阵列组合天线、相控阵天线等，并不是只有抛物面天线一种，我们容易关注到抛物面天线，很大程度是因为其"锅盖"形状的辨识度比较高。

【问题三】卫星的无线通信速度有多快？

我们一般用带宽来描述信号传输的速度快慢，带宽简单理解就是平常大家说的网速，网络的带宽为 1Mbps，指的是该网络在 1 秒钟时间里能够传输 1000000 比特的数字信息。目前运营商提供的家用有线宽带上网服务中，几十乃至几百 Mbps 网速的套餐已经非常常见。目前仍广泛使用的 4G 手机，无线通信的网络带宽理论上可以达到 100Mbps，在这样的速度下，观看 1080p 分辨率的高清视频已经非常轻松，很少会出现视频信号卡顿的情况。正在迅速走入我们日常生活的 5G，一部手机的无线通信速度理论上是 4G 手机的 10 倍，可以达到 1000Mbps。我国在 2017 年发射的首颗高通量通信卫星实践十三号，通信总带宽容量超过 20Gbps（1Gbps＝1000Mbps），这颗卫星的通信容量据报道已经超越了我国此前研制的所有通信卫星的容量总和，在全世界也是非常先进的。而从通信容量的角度来看，卫星的通信资源无疑也是十分宝贵的。

小测试

（1）关于电磁波的特性，下面说法正确的是（　　）。

A. 一切物体都在不停地辐射红外线，温度越高，辐射越强

B. X 射线可深入人的骨骼，杀死病变的细胞

C. 红外线遥感是利用了红外线波长较长的特点

D. 验钞机检验钞票真伪体现了紫外线的荧光作用

参考答案：ACD

（2）眼睛的视觉暂留时间为 0.1s，为了使电视图像是连续活动的，电视台应每秒内发送的图像信号为（　　）。

A. 应该多于 10 张

B. 应该少于 10 张

C. 通常每秒发射 10 张

D. 通常每秒发射 25 张

参考答案：AD

（3）随着"北斗"成为热点，关于"北斗"卫星的数量争执不断，那"北斗"到底有多少颗？（　　）

A. 30 颗

B. 35 颗

C. 55 颗

D. 59 颗

参考答案：C

案例7　设计月球基地生态舱

？ 提 问

你们了解月球吗？如果地球家园哪一天毁于一旦，人类不得不移居外太空时，势必会建立地外家园。月球基地（见图3-64）一直在人类脑海中构建，你觉得月球基地应该有哪些功能呢？生态舱有什么作用呢？

图3-64　月球基地假想图

导 读

"地球是人类的摇篮，但人类不可能永远生活在摇篮中，开始他们将小心翼翼地穿出大气层，然后去征服太阳系。"这是被誉为航天之父的一代传奇康斯坦丁·齐奥尔科夫斯基的墓碑上镌刻着的一句名言。的确，人类在生理水平上是不堪一击的，一旦环境发生巨变，很有可能遭到灭顶之灾。但随着科技的进步，人类已经凭借着智慧对地球的陆地、海洋和大气等进行了改造，或许有一天终将改善太阳系其他地方的气候，人类会乘坐宇宙飞船穿越宇宙星系，到达其他星系，在那里寻找新的能源来代替我们这颗正在逐渐老去的地球。世界各地的航天科学家一直在致力于给我们的子孙后代找到一颗备份的星球！宇航员们即把目光转向了月球！

同学们，你知道如何保证宇航员的正常太空生存吗？人类梦想中的月球基地生态舱如何设计呢？

我们可以按照以下思路展开研究：

（1）了解地球上的生物圈及生态系统组成。

（2）查阅并结合已有资料，了解月球环境特点及适于在太空生存的生物类型。

（3）设计独特的月球生态基地，能保持循环利用。

⇄ 基础理论和知识介绍

1. 生物圈与生态系统的概念

从外太空遥望地球（见图3-65），映入眼帘的蓝色是浩瀚的海洋，白色是漂浮的云彩及冰川，绿色是广袤的森林和原野，黄色是一望无垠荒芜的沙漠。这是一幅由蓝色、白色、绿色、黄色共同编织而成的美好画卷。这就是我们生存的家园——地球。生物学中，地球上的所有生物与其环境的总和称为生物圈。由于不同地域的环境差别巨大，因此生物圈中的生物种类也是千差万别。在一定的空间范围内，生物与环境所形成的统一的整体称为生态系统（见图3-66），如陆地类型的森林生态系统、湿地生态系统、草原生态系统、城市生态系统、农田生态系统；水域类型的淡水生态系统、河流生态系统、湖泊生态系统、池塘生态系统、海洋生态系统等。目前为止，生物圈也就是我们赖以生存的唯一家园地球，是最大的生态系统。地球大气圈的底部、岩石圈的表面及水圈的大部，是生命出现及活动的地方，是行星地球特有的圈层，也是人类诞生和生存的空间。

图 3-65　太空中的地球

图 3-66　生态系统类型

（a）草原；（b）海洋；（c）湿地；（d）沙漠；（e）城市；（f）农田；（g）淡水；（h）森林

依靠强大的卫星通信体系，可以观测出如图 3-67 所示多样的生态系统类型，以及图 3-68 所示的城市夜景。随着我国科学技术的不断发展，我国利用卫星通信、卫星遥感、地面通信、大数据、云计算等技术，可以开展环境观测，甚至是对水环境、大气环境、生态环境应用，为国家水污染防治、大气污染防治、生态环境保护和监管等提供有力支撑。我国曾经利用卫星和地面系统构建了青海省祁

图 3-67　太空俯瞰地球上的生态系统类型

（a）埃尔贡火山；（b）蒙古山脉；（c）纳米比亚沙漠；（d）喜马拉雅山脉；

（e）哈萨克斯坦农业种植区；（f）波罗的海岛屿

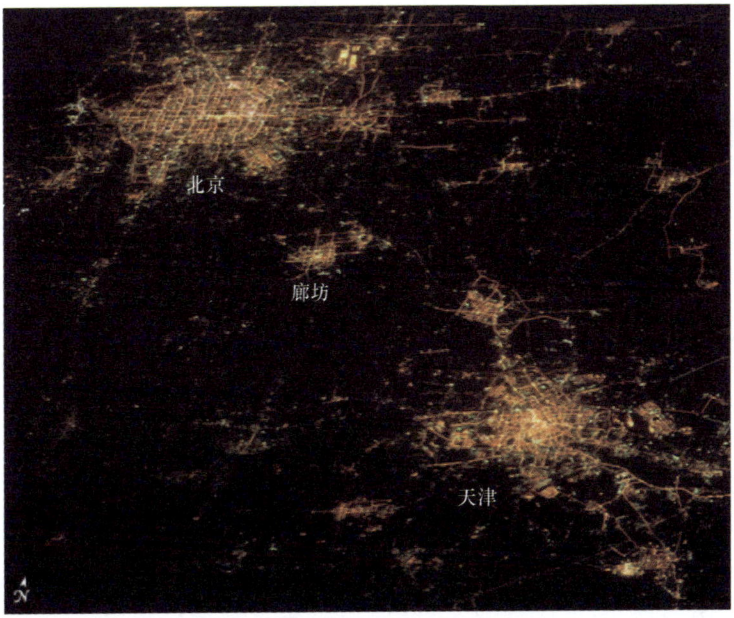

图 3-68　太空俯瞰京津冀夜景

连山区山水林田湖草一体化生态环境监测体系，将野外生态环境监测数据的实时回传，进行动态监测与评估。此外在宁夏自治区开展的多个勘测与调查项目中，从红线划定依据、勘界标准、调查本底和评价指标的全过程，形成了可借鉴推广的基于高分遥感技术的生态保护红线工作方法。我国的三江源国家公园通过多手段采样的信息数据，开展数据管理、挖掘与分析，支撑三江源国家公园自然资源管理、生态管护、应急监测管理、预警监测、移动执法、保护野生动物多样性等。

2. 生态系统的组成

生态系统包括生物部分及非生物部分。非生物部分包括自然界中的阳光、水分、空气、温度、湿度、土壤中的无机盐等，作为生态系统中不可缺少的一部分，维持着生物的生存需要。生物部分包括生产者、消费者和分解者。在生态系统中，通常绿色植物、蓝绿藻类、光合细菌为生产者，它们能够通过光合作用制造有机物。有机物中储存着来自阳光的能量。植物制造的有机物，不仅供给了植物自身，也是动物的食物来源。动物及寄生生物不能自己制造有机物，它们直接或间接以植物为食，因而叫做消费者。随着吃与被吃的捕食关系，食物中的物质和能量就流入了动物体内。生态系统中的蚯蚓、白蚁、秃鹫等腐食性动物是典型的分解者。我们看到树桩上长出的真菌，会将树桩分解成碎片，使坚硬的树桩慢慢腐烂。在树桩腐烂的过程中，其实还有另一类你看不见的生物在起作用，那就是细菌，细菌和真菌都是分解者，森林中的落叶也是被它们分解的，其中的有机物被分解成无机物，可供植物重新利用。

3. 物质循环和能量流动

由 H、O、N、P、S 等元素构成的化学无机化合物和单质，从生态系统的无机环境到生物类群，再从生物群落回归到无机环境的循环运动，被称为生态系统的物质循环。生态系统中的物质循环，在自然状态下，处于稳定的平衡状态，这就是生态系统的稳态。常见的物质循环有三大类型：水循环，气体型循环和沉积型循环。生态系统的物质循环几乎都是在水循环的推动下完成的，没有水循环，就没有生态系统的功能，生命也难以维持继续。大气循环就是气体的循环，通常速度较快，且不易枯竭，对短暂的变化能进行迅速的自我调节。我们所熟悉的绿色植物光合作用，就是从空气中获得二氧化碳，转化为葡萄糖，再综合成为植物体的碳化合物，经过食物链的传递，成为动物体的碳化合物。而动物的呼吸作用是一个逆反应，把摄入体内的一部分碳转化为二氧化碳释放入大气，另一部分则构成生物的机体或在机体内贮存。沉积型循环速度比较慢，岩石风化和沉积物溶解后可转化为生物利用的营养物质，随后会沉积在海底，经过千年转化为新的岩石。

生态系统中吃与被吃的关系构成了食物链，而能量正是通过食物链和食物网逐级传递。生态系统中生命活动的能量最终来源于太阳能，它作为绿色植物进行光合作用的必要条件，转化为有机物中的化学能进入生态系统，并从绿色植物转移到各种消费者体内。能量流动金字塔如图 3-69 所示，通常是单向进行的，只能从第一营养级流向第二营养级，再依次流向后面的各个营养级，不可逆向流动。通常生态系统各部分散失到环境中的能量，也不能为其他生物所利用。

生态系统中所固定的能量也是逐级递减的，通常一个营养级的能量只有 10%~20% 的能量会传递到下一级，越到食物链后端，生物体的数目就越少。由此，按照营养级从低到高以及单位时间内各个营养级所获得的能量值，共同构成了能量金字塔。一个食物链的营养级越多，在能量流动中损失的能量也越多；同时，营养级越高，得到的能量也就越少。

4. 生物再生生命保障系统

如图 3-70 所示，生物再生生命保障系统依据自然生态学原理，结合生物原理及物理化学技术，将有限的水、氧气、食物资源进行再生处理，以保证人类最基本的生存需求。它是目前世界上最先进的闭环回路生命保障技术，被认为是载人深空探测关键技术之一。生物再生生命保障系统的四个基本功能包括大气再生、水的循环、废物处理、食物生产。在生物再生生命保障系统中，高等植物扮

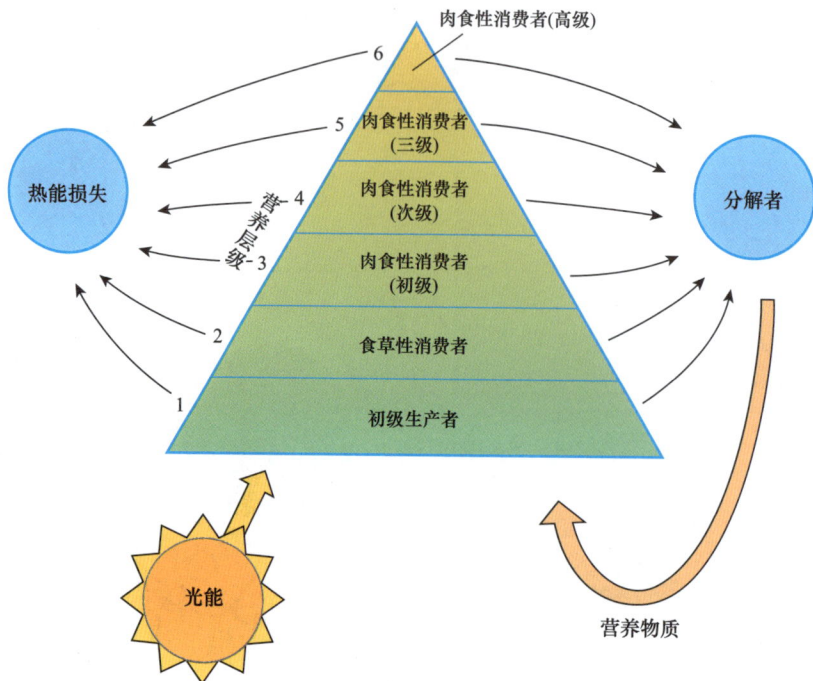

图 3-69　生态系统能量金字塔

演着重要角色，它为系统提供食物，实现水和气体的循环，但是并非植物的所有生物量均可食用，任何一种植物都会产生其不可食部分，需要将植物废弃物转化成系统内在物质交换，保障生保物资持续供应，维持生态系统内部的物质平衡。

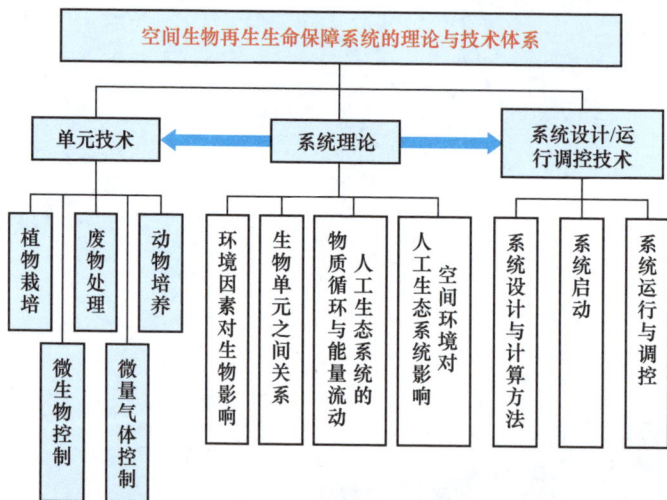

图 3-70　空间生物再生生命保障系统的理论与技术体系

　　航天员在不同位置进行科研活动，对生命保障会有不同的需求。当宇航员出舱登陆其他星球考察时，最好随身携带使用便携式系统，而在座舱内，则需要固定式装备。根据工作技术原理，生命保障系统可以分为用于短期飞行的载人航天器的贮存式（非再生式）生命保障系统、用于中长期飞行载人航天器的物理化学再生式生命保障系统和生物再生式生命保障系统。物理化学再生式生命保障系统能利用物理化学的方法实现氧和水的再生，可以处理废水废物，但是不能再生食物。生物再生式生命保障系统基于生态系统的基本原理，结合了生物技术和工程控制技术，构建出了动物、植物、微生物的人工生态系统，实现了人类所需的物质可以循环再生。

　　苏联是世界上最早开始研究生命保障系统技术的国家。20 世纪 70 年代，苏联西伯利亚分院生物物理研究所研制了世界上第一个也是目前为止最成功的生物再生式生命保障系统"BIOS-3"。该系统主要由藻类、高等植物小麦组成，并进行了长达 180 天的有人长期试验，实现了植物性食物的再生，物质循环程度达到了 66.2%，其中，水和气体得到了 100% 的循环，而食物的闭合程度达到了 80%。

　　美国 NASA 自 1987 年确立了生物再生式生命保障系统实验模型计划，并建造了世界上最大的闭合式人工生态系统。此系统中建成了生物及物理化学相结合再生式的生命保障系统——整合式生保系统试验装置，在这里进行了 4 人 90 天的密闭试验研究，氧气和水达到 100% 的再生，食物再生率约为 25%。通过微生物反应器技术，植物的不可食生物量降解为植物营养液，从而实现了系统内部分物质的循环利用。

鉴于该项技术的重要性，各航天大国和组织，像苏联 BIOS 计划、美国 CELSSLMLSTP 计划、日本 CEEF 计划、欧空局 MELISSA 计划等均尝试了这项技术。他们先后建立了不同类型的地基实验系统。比如，以苏联 BIOS-3 计划、美国的 LMLSTP 系统为代表，尝试了由人-植物构建的两环系统；以日本的 CEEF 系统为代表，建立了人-植物-动物构成的三环系统；以美国 Biosphere-2 系统为代表，建立了人-植物-动物-微生物构成的四环系统。

但是，这些系统各有瑕疵，尚未找到良好的方案。

（1）二环系统缺少动物链环，不能提供动物蛋白。我们知道人在地外执行很繁重的航天任务，如果没有动物蛋白的提供，是无法满足执行任务人员的高营养需求的。

（2）二环系统和三环系统缺少微生物链环，产生的废物不能有效处理及再循环利用，因此不能保证系统高效稳定运行，需要地面提供大量的物资补给。

（3）很多系统中生物的选择并不恰当。比如，具有动物链环的日本的三环系统，它纳入的动物是羊，而羊是属于不可控的动物，躁动性较强，同时它会释放出很多的污染物，对人产生很大的影响。而美国的 Biosphere-2 系统，纳入了很多大型动物，且纳入的微生物最终不可控。

生物再生生命保障系统虽然是基于地球生态系统原理建立的，但它却有别于地球生态系统。在地球生态系统中，人类只是众多生物中食物链的链环之一，没有主人，也没有操控者。虽然人类非常希望操控它，但是到目前为止，人类能够做的只是研究、了解并合理利用它。而生物再生生命保障系统，它存在的目的就是要满足人类的生存需要，因此能够纳入到该系统中的生物物种都是人类生存所需要的，同时，这个系统还是由人类所控制的。人类进入到这个系统中，就形成了人、植物、动物、微生物所构成的人工闭合生态系统，在这个系统中，人类生存所需要的物质，比如氧气、水和食物，可以循环再生，保障人类在地外很少依赖地球补给的情况下，实现长期自治生存。

　　全国政协委员、中国载人航天工程总设计师周建平说："往太空运送物资的成本非常高，载人航天的发展必须把经济性作为重大、优先问题。"因此，进行物质循环利用并提高物质循环利用率，是世界载人航天关注的重大技术挑战问题，也是我国科研人员一直心系并致力解决的难题。除了满足在外太空所必需的水、氧气、食物三大供给外，还要考虑收集或处理代谢中产生的废物。比如航天员呼出的水蒸气会通过冷凝水的方式回收，排泄的尿液也要回收净化处理，重新作为饮用水和生活用水使用。而利用电解制氧时产生的氢气与航天员呼出的二氧化碳，将通过化学反应重新生成氧气，成为稳定的氧气来源。在一定的密闭空间内人和其他生物之间的水、氧气和有机物的再生循环利用，可以大大减少长期空间活动的地面补给，降低运行成本。另外，生物再生生命保障系统还能控制舱内大气成分、温度、湿度以及压力等环境参数，控制舱内环境污染和有害微生物的繁殖，保持居住环境长期健康、稳定，为航天员创造一个舒适和安全的生活环境。

　　生物再生式生命保障系统具有超长的运行时间、基本闭合的物质循环、模拟地面生态环境以及多类生保技术集成等特点；具有二氧化碳净化与氧气再生、食物生产、水的净化与再生、废物处理等基本功能。

🔬 科学实验与计算

（1）结合月球表面的特点，查阅资料，挑选生物类型，根据地球生态系统的原理，设计月球基地生态舱。

（2）尝试解释不同生物类型对应的功能及作用，并建立它们之间的循环联系。

🖐 小记者提问

【**问题一**】生态舱具体应该种植哪些植物呢？

（1）土壤问题：月球土壤中没有有机物和矿物质。

解决方案：计划从地球带高浓度营养液或压缩营养块，低温冷冻保持活性，到达月球后稀释或解压制成营养液。

（2）光照问题：没有正常的光照。

解决方案：如图 3-71 所示，采用 LED 灯红蓝光交替模拟光照，利用太阳辐射供能。

图 3-71　LED 灯下培养蔬菜

（3）水的问题：没有可以直接用于灌溉的水。

解决方案：开发利用月球永久阴影区的水冰。水在宇宙中广泛存在。在星际尘埃云中有许多水，这些水与固体颗粒、尘埃及各种气体等共同构成了星际气体尘埃云，其中大多数是与固体颗粒、尘埃等共同凝聚成的固体团块。当星际气体尘埃云引力收缩形成星球时，这些水也包括在内。所以在星球形成时，都是含有水的。

（4）食物种植品种的选择。

主食：太空生活急需要大量的碳水化合物及蛋白质，因此，应首选土豆、红薯、小麦和大豆等富含大量淀粉的植物。例如，土豆本身是块茎植物，可长时间在地下储存，为运输提供方便，而且在等量阳光下，土豆不喜欢被淹没在水中，给予一层薄薄的营养水膜就可以。

蔬菜：生菜在地面上培植技术较为成熟，生长周期与在轨时间恰好相同都是30天，既可以食用，又可以作为后续实验的材料。

水果：无花果有强大的根系，比较耐寒，对土壤要求并不严格，只要做好排水系统，则极易培养。

在构建微型生态系统时，也可以考虑动物与微生物的特殊作用。例如模式动物果蝇和模式微生物酵母，作为消费者的果蝇和作为分解者的酵母，通过消耗氧气产生植物光合作用所需原料二氧化碳。此外酵母既可以作为果蝇的食物，同时果蝇与植物产生的代谢废弃物可供酵母生长。

【问题二】如何利用有限空间，可以更大规模的实现水的灌溉？请发挥想象，设计出一个方案吧。

知识扩展：山地立柱式气雾栽培技术（见图3-72）。

图3-72　山地立柱式气雾栽培技术

【问题三】如何进行食物供给系统内部种植单元设计？

西方圣经《创世纪》中记载，诺亚根据上帝的指示历时120年建造了诺亚方舟，使自己与家人及世界上的各种陆生生物躲避了一场七天七夜的洪水灾难。传说中的诺亚方舟长300肘（古代长度单位，1肘=0.44m），宽50肘，高30肘，由歌斐木建造，分上中下层，每层分为一间一间的隔间，里外抹有松香，方舟上方留有透光的窗户，可容纳诺亚一家、洁净的畜类七公七母、不洁净的畜类一公一母、空中的飞鸟七公七母。虽然只是创世传说中上帝救赎人类的情节。但在几千年后的现代社会。人类却主动开始思考基于现代科学建造新的"诺亚方舟"。用于研究地球环境变化和外太空移民。

土豆株高70cm，土层厚度为30cm，在长宽高均为2m的空间内，应该种多少土豆才可以满足人体的营养需求？请设计你的种植方案。

提示：一个60kg的成年人，每人每千克每天的脂肪需求量为1.2g。

以藜麦为例的参考方案：

3300人一年的脂肪需求量为：

$$3300 人 × 365 天 × 60kg × 1.2g/（人·天·kg）= 86724kg$$

藜麦单位种植单元（2m×2m×2m）年产量为：

$$0.3kg/m^2 × 4m^2 × 4 = 4.8kg$$

株高160~180cm，种一层，生长周期为90~220天，一年种4次，藜麦中脂肪的含量为6.07%，因此一个藜麦种植单元一年提供脂肪量为：

$$4.8kg × 6.07\% = 0.29kg$$

为满足86724kg的脂肪需求，需要藜麦种植单元86724kg/0.29kg＝30万个。

小测试

（1）图3-73是人们设想的宇宙飞船生态系统模式图，下列叙述正确的是（　　）。

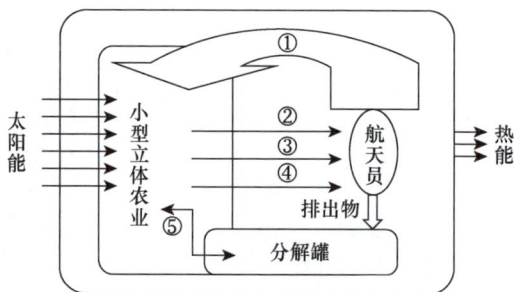

图3-73　宇宙飞船生态系统模式

A. 图中①~⑤可表示航天员所需的食物、氧气和水等生活资源

B. 飞船中的能量循环利用，使飞船生态系统保持长期稳定

C. 该生态系统营养结构简单、自我调节能力差，需宇航员进行调控

D. 分解罐中的微生物可将流入的排出物分解，为立体农业中的植物提供物质和能量

参考答案：C

（2）为了实现人类移居月球的梦想，北京航空航天大学建立的"月宫一号"是由植物、动物、微生物组成的人工闭合生态系统，已经有三位志愿者在该生态

系统中生活了 105 天，图 3-74 为该生态系统的部分示意图。下列相关叙述错误的是（　　）。

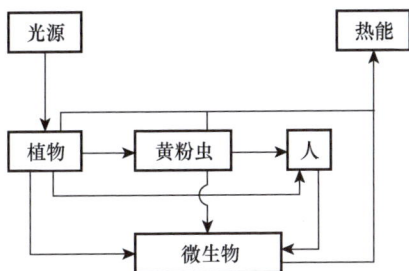

图 3-74　"月宫一号"部分生态系统

A. "月宫一号"实验说明地球仍是人类和其他生物赖以生存的唯一家园

B. 相比自然生态系统，该生态系统的自我调节能力较弱

C. 图中各种生物都通过细胞呼吸的方式散失大量热能

D. 该生态系统的主要成分是微生物，所以不会较长时间保持相对稳定

参考答案：D

（3）将一株正在生长的植物水平放入太空中飞行的航天飞机的暗室内，暗室朝地心的一侧开个小孔，小孔附近放一光源（见图 3-75），一段时间后，该植物茎的生长方向是（　　）。

A. 背地（心）生长　　　　　B. 向水平方向生长

C. 向光生长　　　　　　　　D. 无法确定

图 3-75　小孔附近放一光源

参考答案：C

案例8　设计宇航员食谱

？ 提 问

你想知道宇航员在太空吃什么吗？他们的"食谱"是怎样设计出来的呢？

导 读

为了探测太空更多的秘密，航天飞行通常需要多人多天执行任务，因此解决多名宇航员的饮食问题成为了首要任务，航天食品的研制也成为了解决太空饮食问题的关键一环。航天环境不仅会影响宇航员的口味，而且也会影响其身体代谢及消化吸收能力。因此，研究人员认为，既要保证其每餐的食谱不单一，又要适应他们个体差异化的日常饮食习惯。并且有时为了减少飞行初期宇航员的大小便次数，通常会限制食物中的钠盐和水分以及纤维成分；为了加速恢复身体，通常需要强化蛋白质类的营养物质；航天员在座舱内或者出舱进行活动需要消耗大量的脑力和体力，就要在有限的时间内快速激发糖类的直接能量作用。综上所述，航天员的一日三餐必须科学合理，才可以保证其身体健康。

在太空微重力环境的作用下，一切物体都失去了地球引力，处于失重状态。食物如果不能固定位置的话，就会漂浮在空间。像"炒麦粉"之类的粉末状食物，极易飘得太空舱内到处都是，一不小心，进入宇航员的肺中，很容易造成生命危险。为了保证生命安全，早期宇航员的食物都被压缩进了容器中，吃的时候要像挤牙膏那样把食物挤进嘴里。从20世纪80年代起，随着航天科技的发展，各国到太空中从事科学研究的宇航员越来越多，而且在太空中工作的时间也越来越长，航天员的饮食问题得到高度重视，航天食品也大为改观，压缩食品、脱水食物、软包装罐头食品等纷纷问世，除此之外还设立了专门的简易食堂，不仅使食物更加科学、可口、营养，还增添了民族特色。

同学们，你们知道如何保证宇航员的正常太空生存吗？宇航员的食物可以既科学营养，又丰富多彩吗？给宇航员带到太空的食物中，至少应该含有哪些成分？为什么需要这些成分呢？

我们可以按照以下思路展开研究：

（1）了解人类生存必须的七大营养素及功能。

（2）知道人类生存必须的能量金字塔，各营养素之间的配比。

（3）尝试设计宇航员食谱，并对月球基地的空间进行种植设计分配。

🔄 基础理论和知识介绍

　　人类所食用的粮食作物、新鲜蔬菜和水果来自植物，肉类、蛋白、奶制品来自动物。随着全球经济的一体化，食物的来源日益广泛，无论是遥远的异国他乡，还是深邃的海洋深处，生物圈中的其他生物都会被做成食物送到我们的餐桌上，给我们人类提供营养物质。

　　中国居民平衡膳食宝塔由中国营养学会结合中国人的体质及饮食情况提出的（见图3-76），平衡膳食宝塔共分为5层，几乎包含了我们每天应吃的主要食物种类，每一层的位置及面积比例反映出各类食物在膳食中的位置及比重。谷类食物糖类，也称为碳水化合物，位居底层，也是宝塔的第1层塔基，需求量应最多，每人每天需要摄入250～400g。蔬菜和水果（维生素）居第2层，每人每天应吃200～350g。鱼、禽、肉、蛋等动物性食物（蛋白质）位于第3层，每人每天应该吃125～225g（鱼虾类50～100g，畜、禽肉50～75g，蛋类25～50g）。奶类和豆类食物（蛋白质）处于第4层，每人每天应吃奶类及奶制品300g和30～50g的大豆及豆制品。第五层塔尖是烹调油（脂肪）和食盐，每天摄入量最少，烹调油不超过25g或30g，食盐不超过6g。

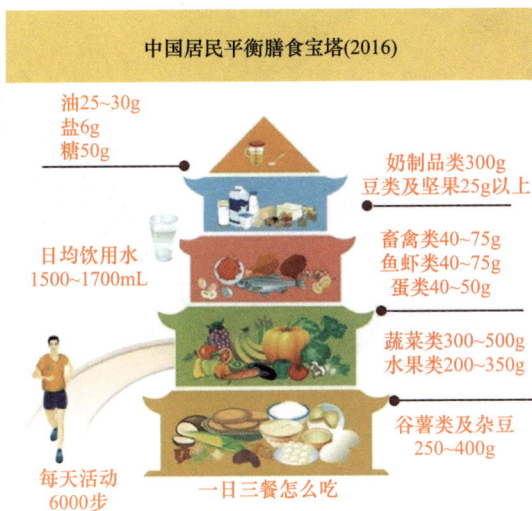

中国居民平衡膳食宝塔(2016)

油25~30g
盐6g
糖50g

奶制品类300g
豆类及坚果25g以上

日均饮用水
1500~1700mL

畜禽类40~75g
鱼虾类40~75g
蛋类40~50g

蔬菜类300~500g
水果类200~350g

每天活动
6000步

一日三餐怎么吃

谷薯类及杂豆
250~400g

图 3-76　平衡膳食宝塔

　　根据生物学相关原理，物质分为有机物和无机物。有机物大分子主要有糖类、脂肪和蛋白质，都是细胞的主要构成物质，且能为生命活动提供能量，小分子物质包括水、无机盐、维生素。

　　碳水化合物糖类通常占膳食总量的55%～65%，每克糖类提供4kcal能量。糖类是人体最直接的能量来源，当病人不能正常进食时，往往需要静脉注射葡萄糖液，以提供人体生命活动所需的能量。糖类可以分为单糖、双糖和多糖。单糖包括葡萄糖、果糖（来源于水果、蜂蜜）、半乳糖（糖果、饼干）；双糖包括蔗糖（来源于甘蔗、甜菜）、麦芽糖（来源于麦芽）、乳糖（来源于乳汁、牛奶）；多糖包括糖原（肝糖原维持血糖稳定、肌糖原供肌肉运动所需）、淀粉（来源于粮谷类、薯类、豆类）、膳食纤维。

蛋白质占膳食总能量的 10%～15%，每克蛋白质提供 4kcal 能量。它可以构建并修复生命体，是生长发育以及受损细胞修复更新的重要原料。蛋白质虽不是能量的最主要来源，但它可以被分解，也可以为人体的生命活动提供能量。不同人群对于蛋白质的需求不同，成年男性每日需要 75～90g，成年女性需要 65～80g，老年男性需要 75g，老年女性需要 65g。而儿童、青少年以及伤病员较常人而言，更要多吃一些奶、蛋、鱼等食物，每日需要 80～85g。

我们平时摄入的蛋白质分为动物性蛋白与植物性蛋白（见图 3-77）。其中，动物性蛋白，肉类（包括禽、畜及鱼类等）含量为 10%～30%，蛋类含 11%～14%，奶类含有 1.5%～3.8%。植物性蛋白，米面类含 6%～10%，豆类含 40%，菌藻类含 10%～26%，竹笋类含 17%～27%，坚果类含 15%～26%，薯类含 2%～3%，蔬菜类含 0.1%～2%。

图 3-77　动物性蛋白与植物性蛋白

脂质占膳食总能量的 20%～30%，它是贮存在人体中的重要备用能源物质。肥肉、大豆、花生等食物中含有较多的脂肪。通常，病人几天吃不下食物身体就会明显消瘦。这是因为贮存在体内的脂肪等物质消耗多而补充少。食物中胆固醇含量由高到低依次为脑、蛋黄、卵、内脏、鱼、瘦肉等，见表 3-14。

表 3-14　食物中胆固醇含量

高胆固醇（100～2000mg）		中胆固醇（60～99mg）		低胆固醇（30～59mg）		极低胆固醇（0～2mg）	
猪脑	2000	黄鱼	98	一般海产鱼	50～60	五谷	0
鸡蛋黄	1482	兔肉、鸡腿肉	91	鳟鱼	55	蔬菜	0

续表 3-14

高胆固醇（100~2000mg）		中胆固醇（60~99mg）		低胆固醇（30~59mg）		极低胆固醇（0~2mg）	
猪肾	804	鲫鱼、小牛肉	90	海带	53	水果	0
鸡肝	748	猪瘦肉	88	草鱼	50~52		
鱿鱼干	615	龙虾、海蜇皮	85	比目鱼	50		
鸭、鹅全蛋	566	蟹、鱼干、鸡胸	80	金枪鱼	45		
猪、牛、羊胰	466	火鸡腿肉	77	鱼肉制品	40		
蚬	454	五花肉	75	比目鱼	32~35		
猪、牛、羊肝	438	全鸡	60~90				
鸡蛋	416	羊后腿肉	70				
鱼卵	360	一般淡水鱼	60~80				
猪、牛、羊心	274	鲔鱼	65				
虾	200~241						
火鸡心	231						

　　无机盐，旧称矿物质，其实就是无机化合物中的盐类，约占人体重 5%。目前人体的无机盐种类大约有 20 余种，其中大量元素有钙 Ca、钠 Na、钾 K、硫 S、磷 P、氯 Cl、镁 Mg，微量元素有锌 Zn、铁 Fe、碘 I、硒 Se 等。其含量通常很低，但是作用巨大且多种多样（见表 3-15）。例如，含钙的无机盐是骨骼和牙齿的重要组成成分。

表 3-15　无机盐的来源与功能

营养素	功　　能	每日需要量	来　　源
钙 Ca	为凝血因子，能降低神经、肌肉的兴奋性，是构成骨骼、牙齿的主要成分	0.6~1.2g	绿色蔬菜、乳类、蛋类含量多
磷 P	构成骨骼、肌肉、神经（与钙、钾、蛋白、脂肪等结合），协助糖和脂肪的吸收和代谢，维持酸碱平衡	0.4~1.2g	乳、肉、豆、五谷
铁 Fe	是血红蛋白、肌红蛋白、细胞色素和其他酶系统的主要成分，帮助氧气的运输	15~18mg	肝、蛋黄、血、瘦肉、绿色蔬菜、桃、杏、李
锌 Zn	数百种酶的构成成分，促进细胞的分裂、生长和再生，调节 DNA 复制和 RNA 转录，参与和免疫有关酶的作用，促进身体和智力发育，缺乏时智力低下、发育受阻、免疫力下降、食欲差	10~15mg	初乳、鱼、蛋、肉、禽、全谷、麦胚、豆、酵母等，动物性食物利用率高

续表 3-15

营养素	功　　能	每日需要量	来　　源
铜 Cu	对制造红细胞、合成血红蛋白和铁的吸收有很大作用，与许多酶如细胞色素酶、氧化酶的关系密切，存在于人体红细胞、脑、肝等组织内，缺乏时引起贫血	1~3mg	肝、肉、鱼、海蛎、全谷、硬果、豆类
镁 Mg	构成骨骼和牙齿的成分，激活糖代谢酶，与肌肉神经兴奋性有关，对所有细胞代谢过程都很重要，常与钙同缺乏，导致手足抽筋		谷类、豆类、干果、肉、乳类
碘 I	为甲状腺素 T3、T4 的主要成分，缺乏时引起单纯性甲状腺肿及地方性克汀病		海产如海带、紫菜、海鱼等

维生素种类很多（见表 3-16），作为一类较为简单的有机物，人体大多不能制造，只能从食物中摄取获得。维生素不是构成细胞的主要原料，不为人体提供能量，人体每日对它们的需要量也很小，但是它们对人体的重要作用是其他营养物质所不能代替的。人体一旦缺乏维生素，生长发育就会受到影响，甚至患病。

表 3-16　维生素的种类和功能

名称	主要生理功能	缺乏症	食物来源
维生素 A	促进人体正常发育，增强抵抗力，维持人的正常视觉	皮肤干燥、夜盲症、干眼症等	动物肝脏、鱼肝油、胡萝卜、玉米等
维生素 B1	维持人体正常的新陈代谢和神经系统的正常生理功能	神经炎、脚气病、消化不良、食欲不振等	牛肉、动物的肝脏等
维生素 C	维持正常的新陈代谢，维持骨骼、肌肉和血管的正常生理作用，增强抵抗力	坏血病、抵抗力下降等	黄瓜、西红柿、橘子等
维生素 D	促进钙、磷的吸收和骨骼发育	佝偻病、骨质疏松症等	动物肝脏、蛋等
维生素 B2	构成黄酶的辅基成分，参与体内的生物氧化酶体系	口角炎、舌炎、唇炎、阴囊皮炎等	酵母、蛋、绿叶蔬菜等
微生物 B6	为蛋白质代谢中的氨基酸脱羧酶和转氨酶的辅酶成分	人类未发现典型缺乏症	酵母、蛋黄、肝、谷类等，肠道细菌可合成
维生素 B12	促进胆碱、核酸的合成，影响红细胞成熟	巨幼红细胞性贫血	肝脏、肉等，肠道细菌可合成
维生素 E	与肌肉细胞营养有关，与性器官的成熟和胚胎发育有关，与营养性巨幼红细胞贫血有关，抗氧化作用	人类未发现典型缺乏症，临床用于治疗习惯性流产等	植物油、莴苣等

小记者提问

【问题一】设计宇航员一日三餐（尽量设计所选食材的克数），将每道食物与七大营养素一一对应起来。

（1）根据提供的资料卡，评价你设计的一日食谱，是否满足各大营养素的分配比例。

（2）大概计算你食物中所含的总卡路里。

（3）查阅文献资料，根据运动卡路里消耗参考值，设计一套宇航员太空运动健身计划。

用餐时段	食谱设计	食物所含总卡路里	运动健身计划

【问题二】如何检测并比较常见食品中的蛋白质含量？

学生自备生活中富含蛋白质的食物，运用 Bradford 显色法，想方法对固体或者液体蛋白质材料进行定量，然后通过显色法比较食物中蛋白质含量的高低。

Bradford 显色法又称考马斯蓝染色法，是 1976 年建立起来的一种蛋白质浓度的测定方法。该测定所用的考马斯亮蓝 G-250 染料是测定的关键，它与蛋白质结合后会由游离态的红色变为青色。该测定方法试剂配制流程简单、操作安全，反应结果也较为灵敏，通常 2min 左右可以达到稳定平衡，且蛋白质-色素结合物在室温下 1h 内均保持稳定，是一种常用的微量蛋白质快速测定方法。

探究比较不同含有蛋白质的食物（牛奶、豆浆、豆奶等）中，蛋白质含量的差异。

小测试

（1）鸡蛋既是人们餐桌上富有营养的食品，又可被用于提取绿色天然的酶制剂。鸡蛋清含有的溶菌酶是一种对人安全且具有保健作用的蛋白酶，有很大的开发和应用价值。下面与此相关的叙述，错误的是（　　）。

A. 煮熟的鸡蛋因蛋白质变性而无法发育成小鸡

B. 吃鸡蛋能够补充溶菌酶，有益于身体健康

C. 鸡蛋清中含量最多的有机物是蛋白质

D. 只有新鲜的鸡蛋才可用于提取和生产溶菌酶制剂

参考答案：B

(2) 下列关于人体内环境的描述，错误的是（　　）。
A. 血浆的主要成分包括水、葡萄糖、血红蛋白和激素等
B. 免疫对内环境稳态具有重要作用
C. 食物中长期缺少蛋白质，会导致血浆蛋白含量下降进而引起组织水肿
D. 老人骨质疏松与内环境的稳态失衡有一定的关系

参考答案：A

(3) "神舟七号"上的三位宇航员在太空时有非常明显的失重感，失重时人体的液体静压丧失。人体的感受器感到体液增加，机体通过体液调节系统减少体液，出现体液转移反射性多尿，导致水盐从尿中排出。下列有关人体内环境和稳态的说法不正确的是（　　）。
A. 水盐从尿中排出使渗透压的稳定遭到破坏，必然会引起代谢紊乱
B. 液体静压丧失，导致腿部体液转移到人的身体上部，出现鸟腿（腿部变细）现象
C. 免疫系统识别并清除异物、外来病原微生物也是维持内环境稳态的机制
D. 内环境稳态是在神经和体液调节的共同作用下维持的，体液调节占主导地位

参考答案：D

案例 9　为宇航员做"天衣"

? 提问

你了解宇航服吗？它是如何制成的？

导读

浩瀚的太空充满了神秘的色彩，自 1961 年 4 月 12 日苏联航天员尤里·阿列克谢耶维奇·加加林乘坐"东方 1 号"宇宙飞船首次登上太空以来，人类从未停止对宇宙奥秘的探索。我国的航天事业也在蓬勃飞速发展，2003 年，我国第一艘载人航天飞船在酒泉卫星发射中心成功发射，宇航员杨利伟成为首次登陆太空的中国人，至 2021 年 6 月为止，中国共发射了 7 次"神舟号"载人飞船，载人航天工程也成了人们的热门话题。

在很多人眼中，宇航员能够进入太空是一件很酷、很浪漫的事情，然而太空并非仙境反而是个险境——不仅有高真空、缺氧、极度的温度变化和可怕的宇宙辐射，而且有陨星、微陨石和微陨尘等危及宇航员的身体健康和生命安全。因此，宇航员需要穿上特定的衣服确保生命安全，中国古代把天上穿的衣服称为"天衣"，也就是我们现在说的宇航服，它的核心职能便是做宇航员的"生命卫士"。

人类从未停止对太空的探索，中国也在积极进行深空探索，计划在 2030 年实现载人登月，现在中国宇航局面向全国青少年征集舱外宇航服制作方案，要求：能确保宇航员出舱连续工作不小于 4 小时。为完成这个项目，需要解决宇航服的功能、材料、结构、制作工艺、美观、时尚、经济等问题，可以归类总结为功能、设计、制备、测试 4 个部分。

基础理论和知识介绍

浩瀚美丽的太空，条件却极其恶劣，其中至少有 4 个令人难以生存的因素：

（1）没有大气压力，这会引起人体内外压强差从而造成人体胀裂；

（2）缺乏氧气，会使人窒息而亡；

（3）极端的低温和高温，从零下 100℃ 以下到零上 100℃ 以上，人在这种环境中难以生存；

（4）宇宙辐射，会射伤人的皮肤，穿透身体，并引起内脏器官发生病变。

宇航服应具备的功能取决于太空的条件。请你参考以上资料思考，如果你是这套宇航服的使用者，你希望它具备什么样的功能？

记录宇航服应具备的功能：

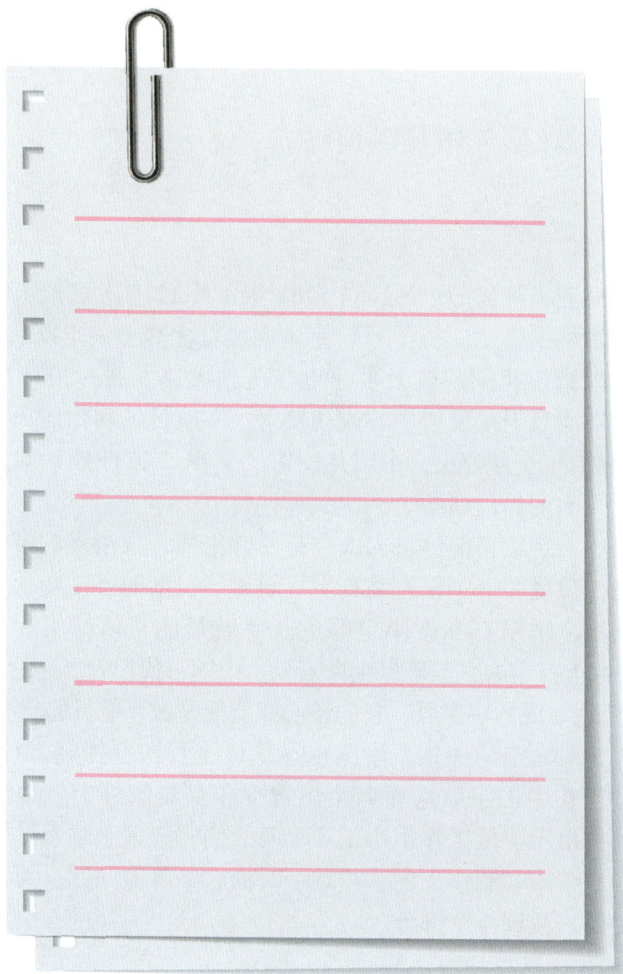

月球环境具有气温温差大、O_2 含量低、真空、宇宙辐射、太空垃圾、陨石撞击等危险，为了确保人的安全及工作，宇航服需具备隔热保暖、供氧、提供气压、气密性好、抗辐射、抗撞击、灵活舒适等功能。此外，宇航服是个完全密闭的空间，在防太空辐射的同时，也防止人体热量的向外散失，在月球上宇航员要出舱连续工作不小于 4 小时，会产生大量热，导致宇航服内气温升高，影响宇航员健康，因此宇航服还应具备散热功能。宇航服的这些功能都靠化学材料，尤其是高分子合成材料实现的。

首先，我们完成宇航服的物理结构设计。结构决定功能，功能体现结构。为

实现上述功能，你打算如何设计宇航服的结构？请你设计宇航服的说明书。

　　通过观察实际宇航服（见图 3-78）可以知道，宇航服主要由头盔、套装、手套、靴子、背包五大部分构成，套装又由内衣层、通风层和液冷层、气密限制层、隔热层、外罩防护层等构成。

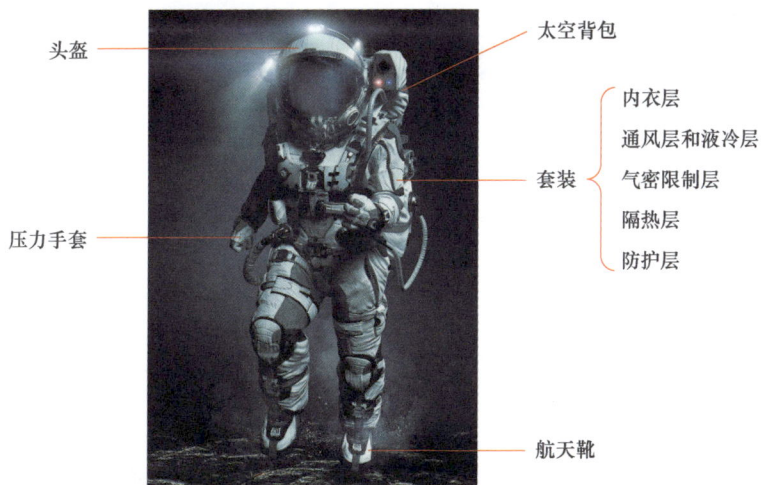

图 3-78　宇航服结构图

物理结构设计好后，下一步就是材料的选择。宇航服不同部位的功能不同，所以采用的材料也不同。例如，液冷服（见图 3-79）衣面材料应具备软、有弹性、密度小、透气吸汗、耐磨、化学性质稳定等性质。请你阅读表 3-17，为宇航服各部位选出合适的材料，并说明理由。

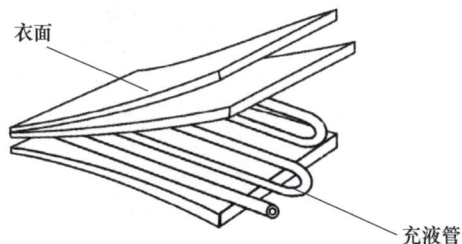

图 3-79　液冷服局部示意图

表 3-17　各类材料的名称、结构及性能

材料分类	材料名称	材料结构简式	材料性能
天然高分子材料	天然纤维素、棉花等		优点：棉织品的吸湿和透气性好，柔软而保暖，织品与肌肤接触无任何刺激，无负作用，久穿对人体有益无害； 缺点：缩水率大，耐光性、耐热性一般
	羊毛	蛋白质	优点：吸汗透气、柔软、防敏感、容易清洗、不易起球、保暖、毛质柔软； 缺点：易皱、缩水、易变性
	蚕丝	蛋白质	优点：手感柔软，富有光泽，弹性比棉、毛纤维好，透气吸湿性俱佳； 缺点：耐光性差、价格高、不能水洗
合成高分子材料	聚氯乙烯，英文简称 PVC	$\left[CH_2-CH\right]_n$ $\qquad\quad\ \ |$ $\qquad\quad\ \ Cl$	优点：材质轻、柔软、抗压性能好、防水防潮、阻燃隔热； 缺点：耐高温差、易变形

材料分类	材料名称	材料结构简式	材料性能
合成高分子材料	聚四氟乙烯,俗称塑料王、特氟龙		优点:抗酸、抗碱、抗腐蚀、耐高温、高润滑、无毒害; 缺点:耐辐射性能差
	顺丁橡胶顺式-1,4-聚丁二烯橡胶,英文简称 BR		优点:弹性高、强度大 缺点:拉伸强度和撕裂强度低
	氯丁橡胶,英文简称 CR		优点:耐光、耐热、耐老化、耐腐蚀、拉伸强度高,黏结性好; 缺点:耐寒性差
	聚酰胺纤维,俗称尼龙、锦纶,英文简称 PA	 尼龙-66 尼龙-6	优点:结晶度高,强度高、弹性好、耐腐蚀、不缩水、质轻保暖; 缺点:透气性、吸湿性等不如天然纤维
	聚乙烯醇纤维,俗称维纶,英文简称 PVA		优点:柔软及保暖性好,强度比棉、粘胶和羊毛等高,最大的特点是吸湿性能好,被称为"人造棉花",是现有合成纤维中吸湿性最大的品种; 缺点:耐碱不耐强酸,耐干热而不耐湿热,弹性最差,织物易起皱

材料分类	材料名称	材料结构简式	材料性能
合成高分子材料	聚酯纤维，俗称涤纶，英文简称PET	$HO\left[\!\!\begin{array}{c}O\\\parallel\\C\end{array}\!\!-\!\!\bigcirc\!\!-\!\!\begin{array}{c}O\\\parallel\\C\end{array}\!\!-OCH_2CH_2O\right]_n H$	优点：抗皱性和保形性很好，具有较高的强度与弹性恢复能力，坚牢耐用不粘毛，目前在合成纤维中产量占第一位； 缺点：透气性、吸湿性不如天然纤维

　　宇航服材料要有弹性，所以选择线型的高分子；材料化学性质要稳定，而线型高分子的主链化学键能大，没有杂原子；材料要透气吸汗，应具备吸水性，所以应形成分子间氢键；透气性和耐磨性要好，则要求高分子的结晶性好，分子对称。满足以上条件的高分子材料为锦纶，事实上，锦纶居所有合成纤维之首。

　　在筛选材料时，根据产品的功能确定材料的性质，并选出具备相应结构的有机材料，体现了结构、性质与功能之间的联系。

　　制备锦纶，首先要进行合成路线设计，请你阅读表 3-18，以基础化工原料为原料，设计锦纶 $Cl\left[\!\!\begin{array}{c}O\\\parallel\\C\end{array}\!\!-(CH_2)_4\!\!-\!\!\begin{array}{c}O\\\parallel\\C\end{array}\!\!-NH\!\!-(CH_2)_6\!\!-NH\right]_n H$ 的合成路线，填入表 3-19。

表 3-18　常见有机信息

石油化工基础原料

（1）炔烃（乙炔）

（2）烯烃（乙烯、丙烯、丁烯和丁二烯）

（3）芳烃（苯、甲苯、二甲苯）

（4）合成气（一氧化碳、氢气）

常见有机反应

（1）$R_1CHO + R_2CH_2CHO \xrightarrow{稀\ NaOH} R_1CH\!-\!\underset{R_2}{\overset{OH}{CHCHO}} \xrightarrow{\triangle} R_1CH\!=\!\underset{R_2}{CCHO} + H_2O$

（2）$RCH\!=\!CH_2 \xrightarrow{KMnO_4\ (H^+)} RCOOH + CO_2$

（3）$R\!-\!X + HCN \xrightarrow{催化剂} R\!-\!CN + HX$

（4）$RCN \xrightarrow{H_2O/H^+} RCOOH$

（5）$RCN \xrightarrow{H_2} RCH_2NH_2$

续表 3-18

(6) $RCOOH \xrightarrow{SOCl_2} R-\overset{\overset{\displaystyle O}{\|}}{C}-Cl$

(7) $Cl-\overset{\overset{\displaystyle O}{\|}}{C}-Cl + 2RNH_2 \xrightarrow{催化剂} R-HN-\overset{\overset{\displaystyle O}{\|}}{C}-NH-R + 2HCl$

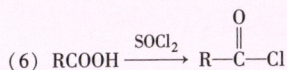

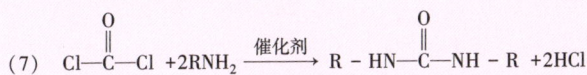

表 3-19　锦纶合成路线

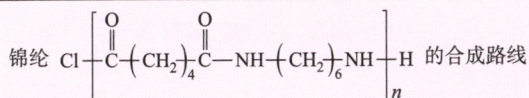

锦纶 $Cl-\left[\overset{\overset{\displaystyle O}{\|}}{C}-(CH_2)_4-\overset{\overset{\displaystyle O}{\|}}{C}-NH-(CH_2)_6-NH\right]_n H$ 的合成路线

科学实验与计算

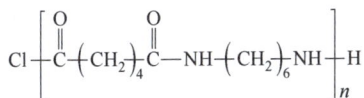

$$Cl-\left[\overset{\overset{\displaystyle O}{\|}}{C}-(CH_2)_4-\overset{\overset{\displaystyle O}{\|}}{C}-NH-(CH_2)_6-NH\right]_n H$$

实验：合成

【实验原理】界面缩聚是缩聚反应特有的实施方式，将两种单体分别溶于互不相溶的两种溶剂中，聚合反应发生在两溶液界面处。以己二胺与己二酰氯制备尼龙-66 的反应为例，其反应特征为：己二胺及氢氧化钠的水溶液为水相（上层），己二酰氯的四氯化碳溶液为有机相（下层）；两者混合时，由于氨基与酰氯的反应速率常数很高，在两相界面上马上就可以生成聚合物的薄膜，把生成的薄膜不断拉出，单体不断向界面扩散，使聚合反应持续进行。

【实验药品及仪器】

药品：己二酰氯 0.5mL（0.52g、2.86mmol）、己二胺 0.4mL（0.35g、

3.01mmol）、四氯化碳 20mL、氢氧化钠 0.2g（5mmol）、大量自来水。

仪器：烧杯（100mL）、玻璃棒、抽滤瓶、布氏漏斗。

【制作步骤】

（1）己二胺-氢氧化钠水溶液的配制：在 25mL 锥形瓶中称取己二胺 0.5g、0.4g 氢氧化钠，加入 20mL 水溶液，得备用液 I 。

（2）己二酰氯四氯化碳溶液的配制：在 100mL 烧杯中加入 20mL 四氯化碳、0.5mL 己二酰氯，得备用液 II 。

（3）界面缩聚：将备用液 I 沿着烧杯内壁倾倒在备用液 II 上面，稍等片刻，在两相界面上立刻生成尼龙-66 薄膜，用玻璃棒或镊子挑出，并缠绕到玻璃棒上，直至膜不再生成。

（4）聚合物的处理：将得到的聚合物放在装有大量自来水的大烧杯中，充分搅拌，洗涤 3~4 次，至洗涤液呈中性，抽滤或挤压，于 60°C 烘箱中烘干或自然晾干，称重并计算产率。

小记者提问

【问题一】如何测量制备出的锦纶性能？

我们可以通过拉伸，体会锦纶的弹性和强度。实验室制备的锦纶性能不是很好，但工业制品好。实际产品中都是复合材料，锦纶中还掺杂其他增强材料。

【问题二】请你总结为宇航员制备宇航服的整体思路。

为宇航员制备宇航服的整体思路如图 3-80 所示。

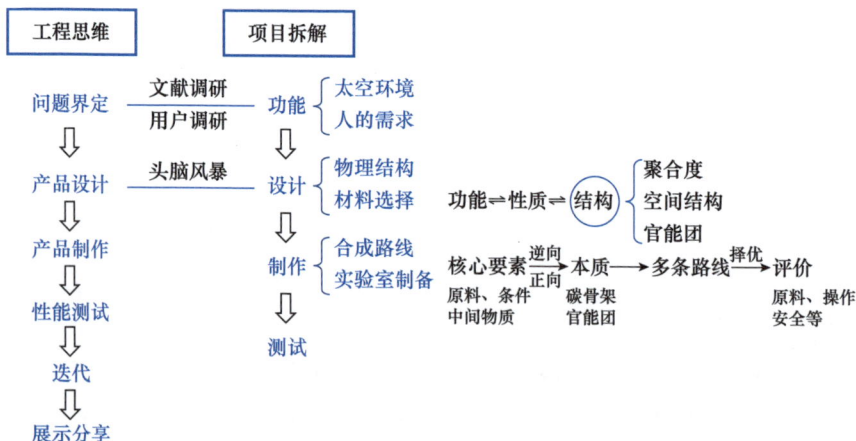

图 3-80　制备宇航服的整体思路

宇航服能够为人类进行深空探索工作保驾护航，它的发展经历了几十年的变迁，随着人类科技技术的进步以及需求的不断提高，宇航服也在向着功能更强、更舒适、更美观的方向发展。

小测试

（1）关于下列三种常见高分子材料的说法正确的是（　　）。

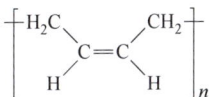
顺丁橡胶
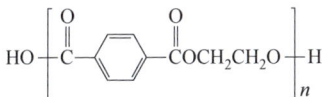
涤纶
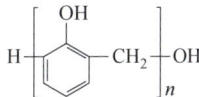
酚醛树脂

A. 顺丁橡胶、涤纶和酚醛树脂都属于天然高分子材料

B. 顺丁橡胶的单体与反-2-丁烯互为同分异构体

C. 涤纶是对苯二甲酸和乙二醇通过缩聚反应得到的

D. 酚醛树脂的单体是苯酚和甲醇

参考答案：C

（2）生物材料衍生物 2,5-呋喃二甲酸（ ![2,5-呋喃二甲酸结构] ）可以替代化石燃料衍生物对苯二甲酸，与乙二醇合成材料聚 2,5-呋喃二甲酸乙二醇酯（PEF）。下列说法正确的是（　　）。

A. 合成 PEF 的反应为加聚反应

B. PEF 不能与氢气发生加成反应

C. 通过质谱法测定 PEF 的平均相对分子质量，可得其聚合度

D. PEF 中含有官能团仅为—COO—

参考答案：C

（3）一种芳纶纤维的拉伸强度比钢丝还高，广泛用作防护材料。其结构片段如下，下列关于该高分子的说法正确的是（　　）。

A. 完全水解产物的单个分子中，苯环上的氢原子具有不同的化学环境

B. 完全水解产物的单个分子中，含有官能团—COOH 或—NH₂

C. 氢键对该高分子的性能没有影响

D. 结构简式为：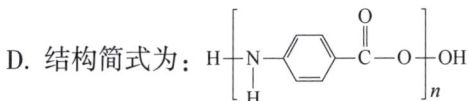

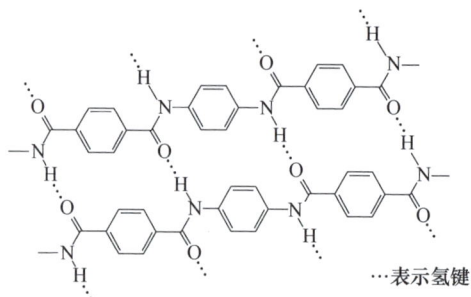

…表示氢键

参考答案：B

（4）塑料 PET 的一种合成路线如图 3-81 所示，其中①和②均为可逆反应。

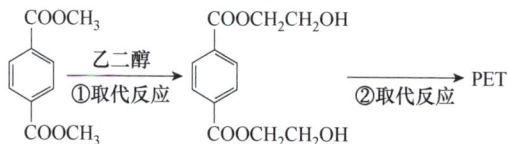

图 3-81　合成路线

下列说法不正确的是（　　）。

A. PET 在一定条件下可降解成单体

B. ①中可通过蒸馏分离出 CH_3OH 提高反应物的转化率

C. 依据①推测 PET 的结构简式为 $HOCH_2CH_2O{-}{\left[{\!-}C{-}\bigcirc{-}C{-}\right]}_n{\!-}OCH_2CH_2OH$

D. 该合成路线中乙二醇可循环使用

参考答案：C

案例 10　北斗导航的心脏——原子钟

❓ 提 问

你们知道"原子钟"是什么吗？为什么"原子钟"会被誉为北斗导航的心脏呢？

🧑‍🏫 导 读

2020 年可以称作是"中国航天年"，在这一年里，中国航天迈出了很多坚实的步伐，开建近地载人空间站、探月工程三期"嫦娥五号"顺利入轨、建设低轨移动互联网星座"鸿雁星座"以及"天问一号"火星探测器发射成功等。其中，特别引人注目的当然也有北斗导航系统全球组网的收官之战。

北斗系统的"北斗"两字，来自于北斗七星，是中华民族的导航星。北斗系统是全世界第三个建成的卫星导航定位系统。世界卫星导航有四个系统，可以被叫做全球定位系统，能够实现全球覆盖，它们分别是美国 GPS 系统、欧盟的伽利略、中国的北斗和俄罗斯的 GLONASS。

全球定位系统（Global Positioning System，GPS）起始于 1958 年美国军方的一个项目，1964 年投入使用。20 世纪 70 年代，美国陆海空三军联合研制了新一代卫星定位系统 GPS，主要目的是为陆海空三大领域提供实时、全天候和全球性的导航服务，并用于情报搜集、核爆监测和应急通讯等。经过 20 余年的研究实验，到 1994 年，全球覆盖率高达 98% 的 24 颗 GPS 卫星星座已布设完成。在 1991 年的海湾战争中，GPS 系统崭露头角，展现了它在军事和国防方面巨大作用。海湾战争奠定了美国霸主地位的同时，也揭开未来战争体系和战争思想的新序幕。

美国在推进 GPS 项目的过程中，首先考虑的问题是卫星应该在低、中、高哪种轨道。卫星如果在低轨，则定位精度比较高，但是要覆盖全球就需要二百颗卫星，经济耗费巨大，负担不起；如果卫星在高轨，理论上三颗卫星就能覆盖全球，但是发射难度大且定位精度差。如果卫星在中轨道，覆盖全球只需要 24~36 颗卫星，是一个比较折中的方案。但轨道是运动的，即使地面的物体不动，它相对卫星的速度也是很大的，这样就可以充分利用多普勒频移的方法（利用多普勒效应进行定位是早期的做法，现在的主要方法是用极其精确的原子钟）进行定位。基于以上原因，美国选择了 24 颗卫星的中轨道方案，1978 年发射第一颗，全系统在 1995 年投入运行，现在有卫星 30 颗，分为军用和民用两种定位模式，其中民用方式向全球开放。

我国的卫星导航系统——北斗系统（BeiDou Navigation Satellite System，BDS）是我国自行研制的全球卫星导航系统，也是继 GPS、GLONASS 之后的第三个成熟的卫星导航系统。我国北斗系统是在 1983 年时，以"两弹一星"的元勋陈芳允院士为首的专家团体提出的双星定位方案开始的，但由于经济条件等原因耽搁了进度。直到 1991 年的海湾战争，中国人意识到以后的战争必须要依靠这种技术，于是被延迟近十年的双星定位方案就马上启动了。

北斗系统建设分为三步走：第一步是在 2000 年左右建成北斗一号系统，也叫做"北斗双星"系统，它主要解决我国卫星导航定位的有无问题。第二步是在 2012 年建成北斗二号系统，也叫做"北斗区域"系统，它主要是把北斗一号系统当中的有源定位的方式，变成无源定位的方式。无源定位的方式能够更好地解决用户位置暴露风险以及用户容量受限问题。北斗二号系统真正为我国和周边亚太地区提供了准确的导航定位和授时服务。2020 年收官的系统叫做北斗三号系统，也叫做"北斗全球系统"。至此北斗导航系统共有 55 颗卫星，分别分布在低、中、高三种轨道上。北斗三号系统主要是把一个区域系统变成全球系统，在此基础上还开发出了很多新技术，如星间链路系统、高精度的氢原子钟系统等，所以北斗三号系统真正实现了不仅是中国的北斗，也是世界的北斗。

值得一提的是，在北斗导航系统中被誉为"心脏"的原子钟也是我国自主研制和生产的。原子钟是一种计时装置，它最初是物理学家创造出来探索宇宙本质的，后来因为原子钟能为导航系统提供高稳的时间频率基准信号，它决定了导航系统的定位、测速和授时精度，因为时间测量得越精密，位置的计算就越精确。这也是原子钟被称为导航系统的"心脏"的原因。

🔁 基础理论和知识介绍

1. 时间基本单位"秒"的定义

从日晷、沙漏，到机械钟、石英钟，再到今天的原子钟……时间精度的飞速提高，体现着人类探索自然、征服自然的强大力量和最高智慧。

计时工具大多是以某种规则运动的周期（完成一次规则运动所用的时间）为基准计时的，比如日晷以日地相对运动的周期为基准；机械摆钟以摆的振荡周期为基准；石英钟以石英晶体有规则的振荡周期为基准。选作时钟基准的运动周期越稳定，测量时间的精准度就越高，基于此科学家制造出了原子钟。它以原子释放能量时发出电磁波的振荡周期为基准，由于电磁波的振荡周期很稳定，因此原子钟的计时精准度可达每百万年才差 1 秒。

　　人们通常选取自然界中比较稳定、世界各国都能接受的事物作为测量标准。正是由于原子辐射电磁波振荡周期的高稳定性，适合作为时间的测量标准，因此1967 年 10 月，国际计量大会将"1 秒"重新定义为铯 133 原子（^{133}Cs）基态的两个超精细结构能级之间跃迁频率相应的射线束持续 9192631770 个周期的时间。该标准于 1972 年起施行并被全世界接受，时间单位"秒"的定义从宏观的天体运动观测过渡到原子标准，该标准首先使用的装置即是铯原子钟，其准确度相较于以天文观测为基础的天文时提高了 4～5 个数量级，可达 1×10^{-14} 秒并仍在提高。时至今日"秒"的定义仍是以铯原子的基态跃迁来定义的。

　　虽然计时标准跨入原子时，但只有将均匀准确的时间传递出去才能发挥其作用。时间在不同应用场景有不同的要求，有的场景要求均匀的时间间隔，有的场景需要精确的时刻。而由于地球自转的不均匀，世界时比原子时大约每年慢 1秒，因此出现了协调世界时，用于传递时间信号，各地守时实验室把一组原子钟所产生的时间基准信号进行综合与校准，保持一个高准确度的时间尺度。可见，时间频率的精密测量具有重要意义，而原子钟作为时间频率的基准设备是获取精确时间频率信号的基础，具有重要的应用及科研价值。

2. 原子跃迁

　　在微观系统中，原子是由原子核和核外电子组成的，原子内部的原子核和核外电子是一直在运动且具有能量的。与宏观系统中物体能量是大小连续变化且具有各种能量不同，原子遵循量子力学规律，其能量只能是固有且不连续的一组数值 E_1、E_2、$\cdots$、E_n，这组数称为原子的能级。每一个原子都有自己的能级结构和所处的能级状态。原子能级中能量最低的 E_1 称为基态，E_2、$\cdots$、E_n 称为激发态。

　　原子的能级不仅与其内部结构有关，而且与所处的电磁场有关。当原子内部电子的能量发生变化时，原子会从一个能级变换至另外一个能级，这个变化的过程被称为跃迁。原子的跃迁分为自发跃迁和受激跃迁两种方式。在不受外界能量影响时，原子从高能级跃迁至低能级时会以光子形式对外辐射能量，这种跃迁称为自发跃迁。自发跃迁是原子在被激发到不稳定的高能级后自发进行的。原子在外界磁场中电磁波的作用下吸收能量，从低能级跃迁至高能级，这种跃迁称为受激跃迁。原子在跃迁时吸收或辐射的电磁波频率由式（3-13）确定。

$$\nu_{2-1} = (E_2 - E_1)/h \tag{3-13}$$

式中，ν_{2-1} 称为能级 E_2、E_1 之间的跃迁频率；h 为普朗克常量。

　　原子在特定能级之间的跃迁频率是固定不变的，只与原子种类有关，不随时间改变。

　　根据式（3-13），原子能级间的能量差越大，其跃迁时吸收或释放的频率就越高。原子在跃迁时并不是只有在跃迁频率上才会发生能量的吸收与辐射，频率处在跃迁频率的小范围内原子都会吸收或辐射能量。对于原子频标来说，特定原子的特定能级之间的跃迁频率 f_0 称为谐振频率，该频率附近原子仍可以吸收或辐射能量的范围 Δf 称为线宽，两者之间的比值称为品质因数 Q。

$$Q = \frac{f_0}{\Delta f} \tag{3-14}$$

高品质因数的原子钟会有更好的稳定性与准确性，可通过选择较高跃迁频率的原子来提高品质因数。根据式（3-14），原子跃迁频率取决于能级间的能量差值，跃迁频率可分布于 X 射线区、光波区、微波区。由于现今微波射频段的应用较为广泛，使用方便，因此使用的原子频标多是跃迁频率在微波区的原子。原子内的电子运动和相互作用等较为复杂，不仅仅有较粗的能级结构，而且有超精细能级等划分。以铯原子钟为例，铯原子钟以铯原子为工作物质，采用铯原子的基态能级中两个超精细能级 $6^2 S_{1/2} | F = 4, m_F = 0 >$ 和 $6^2 S_{1/2} | F = 3, m_F = 0 >$ 之间的跃迁频率 $f_{cs, 3-4} = 9.19263177 \text{GHz}$ 为谐振频率，铯原子的能级结构如图 3-82 所示。

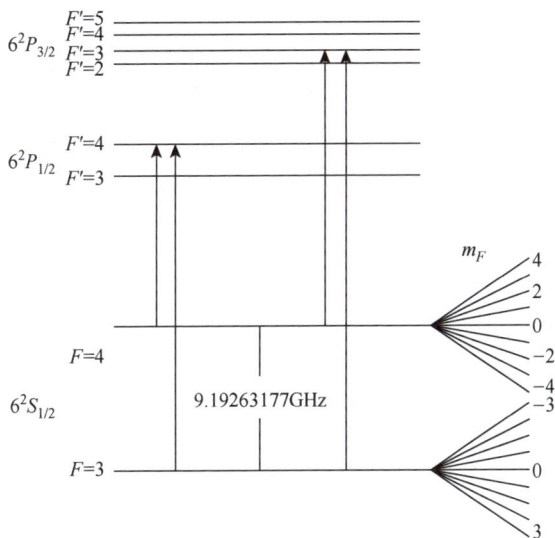

图 3-82　铯原子能级结构

原子能级跃迁的规律：

（1）定态间的跃迁——满足能级差：$h_\nu = E_m - E_n (m > n)$。

（2）电离与电离能

电离态：$n = \infty$，$E = 0$。

原子是由原子核与核外电子组成的（见图 3-83）。核外电子的轨道是量子化的，半径只可能是某些分立的数值，电子在这些量子化的轨道上绕核的运动是稳定的，不产生电磁辐射。当电子在不同的轨道上运动时，原子处于不同的状态，具有不同的能量。因此，原子的能量也只能取一系列特定的值。这些量子化的能量值叫作能级。

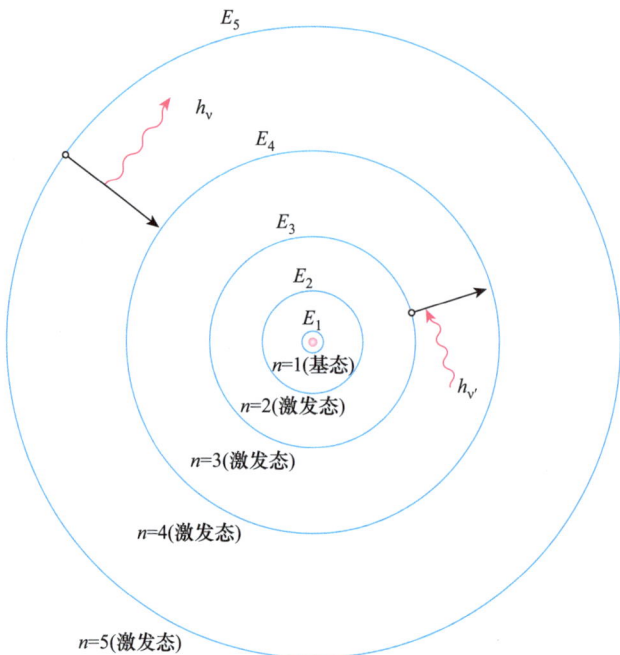

图 3-83　氢原子电子轨道示意图

当电子从能量较高的定态轨道（其能量记为 E_n）跃迁到能量较低的定态轨道（能量记为 E_m，$m < n$）时，会放出能量为 h_ν 的光子（h 是普朗克常量），这个光子的能量由前后两个能级的能量差决定。反之，当电子吸收光子时会从能量较低的定态轨道跃迁到能量较高的定态轨道，吸收的光子的能量同样由频率条件决定。

频率条件：
$$h_\nu = E_m - E_n \quad (m > n)$$

✋ **小记者提问**

【问题一】氢原子的能级图如图 3-84 所示,如果大量氢原子处在 $n = 3$ 能级的激发态,这群氢原子能辐射出几种不同频率的光子? 辐射光子的最小能量为多少电子伏特? 对应的氢原子从第几能级跃迁到第几能级?

A. 这群氢原子能辐射出 3 种不同频率的光子

B. 波长最长的辐射光是氢原子从 $n = 3$ 能级跃迁到 $n = 1$ 能级产生的

C. 辐射光子的最小能量为 12.09eV

D. 处于该能级的氢原子至少需吸收 13.6eV 能量的光子才能电离

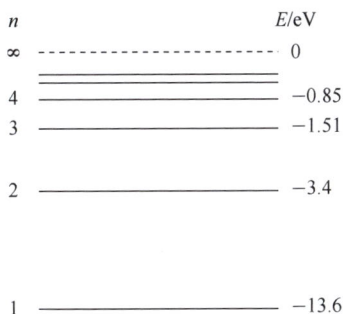

图 3-84　氢原子能级图

【分析】这群氢原子能辐射出 $C_3^2 = 3$ 种不同频率的光子。光子的频率和波长满足关系式 $\nu = \dfrac{c}{\lambda}$，辐射出光子的频率和能级之间满足关系式 $h_\nu = E_n - E_m$（其中 $n \le 3$，$1 \le m \le (n-1)$），可见波长最长的辐射光是由 $n=3$ 能级向 $n=2$ 能级跃迁，最小的能量为 $E_3 - E_2 = 1.89\text{eV}$。

【问题二】我国自主研制的北斗导航系统中，原子钟堪称"导航卫星的心脏"，它使我国在导航精准度方面达到厘米级，处于全球领先水准。原子钟以原子释放能量时发出电磁波的振荡周期为基准，由于电磁波的振荡周期很稳定，因此原子钟的计时精准度可达每百万年才差 1 秒。

（1）如果铯原子两个超精细能级跃迁的线宽为 286Hz，请计算品质因数 Q。

（2）可用作星载原子钟的有氢原子钟、铯原子钟和铷原子钟。试分析品质因数 Q 作为选择原子钟的依据，Q 的大小与原子钟稳定性和准确性的关系。说一说如何提高原子钟的稳定性。

答：

（1）$Q = \dfrac{f_0}{\Delta f} = \dfrac{9192631770}{286} \approx 32142069.13$。

（2）高品质因数的原子钟会有更好的稳定性与准确性，可通过选择较高跃迁频率的原子来提高品质因数。

📋 小测试

（1）截至 2020 年，我国北斗导航系统一共有（　　）颗卫星组成。

A. 36 颗   B. 55 颗   C. 30 颗

参考答案：B

（2）现在的卫星系统进行定位的主要方法是利用（   ）。

A. 原子钟   B. 多普勒效应   C. 天体的周期性运动

参考答案：A

（3）在 1967 年 10 月，国际计量大会将"1 秒"重新定义为（   ）基态的两个超精细结构能级之间跃迁频率相应的射线束持续 9192631770 个周期的时间。

A. 铯 133 原子   B. 铷原子   C. 氢原子

参考答案：A

案例 11　寻求火星生命之源

？ 提 问

同学们，水是生命之源，所以我们不禁好奇火星上有水吗？火星上水的存在形式和分布情况如何？如何在现有技术水平下规划最佳取水路径？

导 读

地球是人类的摇篮，但是人不能永远生活在摇篮里！

探索适合人类居住和发展的星球是全人类的共同追求，对于太阳系内最有可能成为未来人类生存的第二家园——火星，成功地探测它对人类发展有着极其深远的意义。作为地球上的唯一高等智慧生命体，从 1492 年 10 月 12 日哥伦布发现美洲大陆，到如今的美洲大陆经过蓬勃发展已经人口密集，人类探索的脚步从未停止。地球上人口持续增加，陆地面积越来越有限。人类也终究会长大，离开生命的摇篮——地球。

宇宙茫茫，在太阳系这个温暖的大家庭中，八大行星中有四颗行星像地球一样，主要是由岩石构成的，被称为类地行星，它们分别是水星、金星、地球和火星，其中只有地球位于"宜居带"（见图 3-85）。与水星、金星比起来，火星最

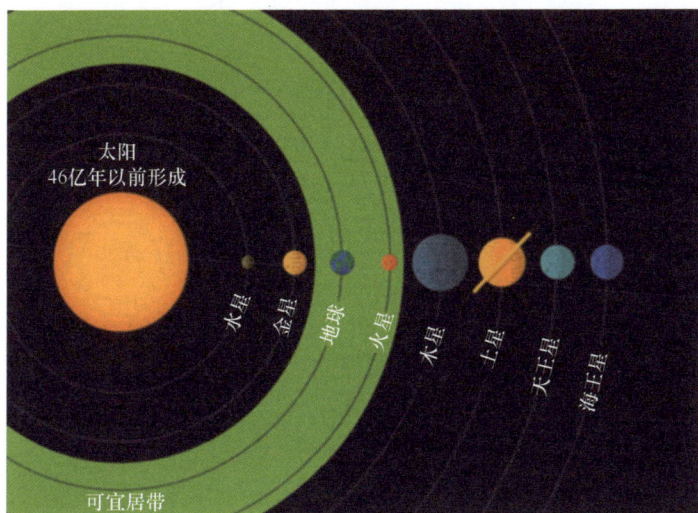

图 3-85　太阳系及宜居带的示意图

接近太阳系"宜居带",被认为是除地球之外最有可能孕育和存在生命的另一颗行星。自古以来,火星就是一颗承载了人类最多梦想的星球。

　　随着科技的进步,人类积极开展火星探究。研究火星上水资源的情况,可以让科学家判断火星上是否存在过生命以及是否具备移民火星的条件。在有水资源的基础上,人类可以进一步探索分析火星的气候特征和地质情况,为人类登陆火星做准备。

　　2021年2月8日,美国宇航局(简称NASA)官网提出,未来航天员在火星的登陆地一定是在有水的地方。迄今为止,火星上是否存在水和生命,一直是人类关注的最重要的科学问题之一。

　　那么,火星上有水吗?火星虽然名字中带着"火",感觉好像很热,看颜色好像也发红色,但别被它的颜色欺骗了——火星实际上相当寒冷!同学们可以思考一下,为什么火星上比较寒冷?

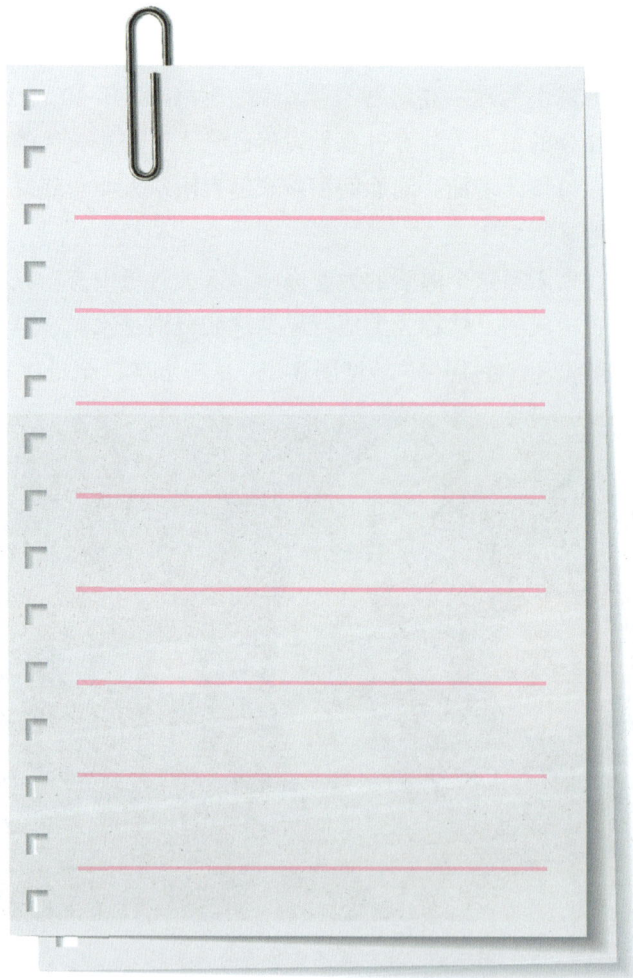

相比地球，火星公转轨道距离太阳要更远，日火距离比日地距离还远8000万千米。这意味着到达火星的太阳辐射远远小于到达地球的太阳辐射，所以火星获得的用以维持温暖的太阳的光和热要比地球少得多。火星的轨道是椭圆形轨道，在接受太阳照射的地方，近日点和远日点之间的温差将近160℃。

地球因为有厚薄适宜的大气层，大气对太阳辐射具有削弱作用，使得地球表面白天温度不至于过高；同时大气对地面有保温作用，就像给地球盖了一层毛毯，让我们的地球保持温暖，正是因为这一层厚薄适宜的大气层缩小了地表的昼夜温差，使得水在地表常温常压下，能以三态形式同时存在。而火星的大气层比地球薄了大约100倍，如果地球的大气层是一层毛毯的话，那么火星的大气层可能只是一层被单，因此，火星大气层的保温作用远远低于地球大气层的保温作用，火星很难锁住它从太阳那里获得的热量，很多到达火星表面的热量都逃逸掉了。假设你在中午站在火星的赤道上，你就会觉得脚在过夏天，而头在过冬天。到了晚上，情况会更加糟糕，当太阳下山后，气温能下降到零下三位数！在寒冷的冬季夜里，气温可能会更低！

火星大气稀薄干燥，保温性能差，昼夜温差在100℃左右。赤道附近，白天温度可以达到20℃，夜间会骤然降低到-80℃左右。火星两极的温度更低，最低可以达到-139℃。火星的平均温度约为-55℃，同时还具有从冬天的-133℃到夏日白天的近27℃的跨度。当火星表面大气温度低于0℃时水以冰的形式存在，在0~10℃之间则是液态的水，大于10℃则为水蒸气。因此，火星大气中的水和二氧化碳易冻结，火星的两极永久地被固态二氧化碳和水冰覆盖，夏季缩小，冬季扩大。因此，火星上的水主要以固态的形式保存。

2001年发射的火星奥德赛号轨道器搭载的伽马射线光谱仪GRS（Gamma Ray Spectrometer）首次在火星上探测到了氢的存在，间接证实了火星地下含有水冰。2008年发射的凤凰号直接挖到了高纯度的水冰（见图3-86）。科学家们经过不断的探索，确认了火星存在着大量的水冰，证明火星水资源主要以固态的形式存在。

🔄 基础理论和知识介绍

那么，火星上的水都分布在哪里呢？

目前科学家主要通过火星车进行探测，火星车可以实地获取火星水冰的分布信息。2019年12月10日，NASA官网报道了火星的宝藏地图——火星水冰分布图（图3-87），图上标注了一块白色的区域，被认为是火星最易获取水资源的地区。该区域划分的依据是NASA根据人造卫星和火星车的实地观测数据，在此数据的基础上，NASA制作了火星地下水冰的分布图。图3-87上颜色越蓝越紫，说明水冰埋藏越浅；颜色越红，说明水冰埋藏越深。那么，从开采难易程度看，什么区域的水冰最易被火星车开采？

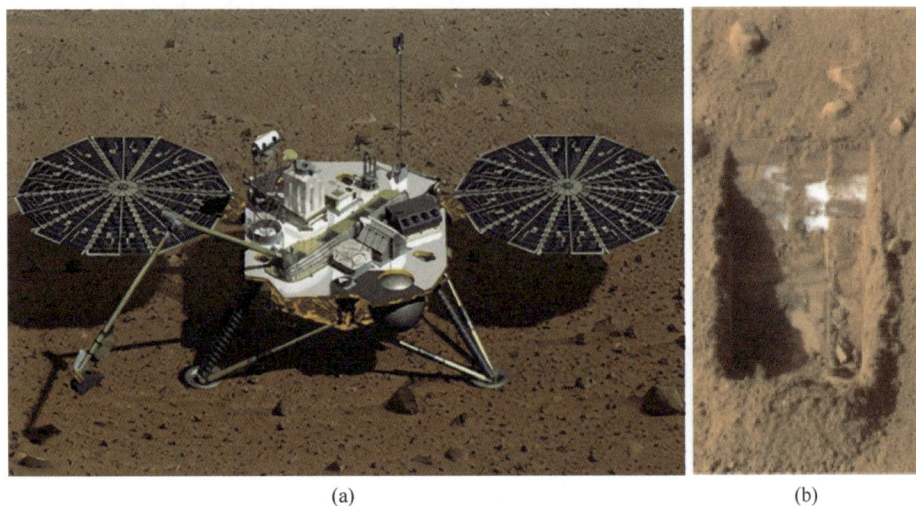

(a)   (b)

图 3-86　凤凰号火星车(a)及其发现的水冰(b)示意图

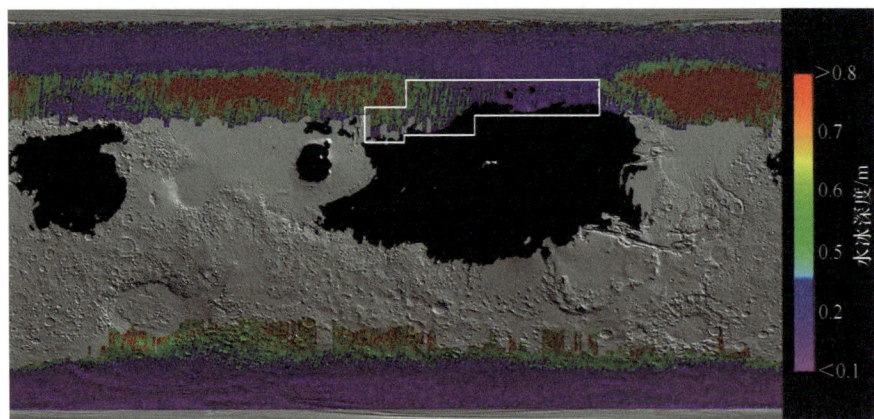

图 3-87　火星地下水冰分布图

　　毫无疑问，从开采难易的角度，图 3-87 中白色的区域位于中纬度地区，比极地地区的纬度相对低，且该区域的水冰埋藏较浅，连片分布，面积比较大，因此成为开采水冰的理想区域。

🌀 科学实验与计算

　　确定水冰的最佳开采区意义重大。因为水冰的最佳开采区将是进行火星探测时优先考虑到达的地方。目前中国在火星探测方面现有的技术和成就是成功着陆的"祝融号"火星车。2021 年 5 月 15 日，在经历了 296 天的太空之旅后，"天问一号"火星探测器所携带的"祝融号"火星车及其着陆组合体成功降落在火星（图3-88绿点），"天问一号"成为中国首颗人造火星卫星，"祝融号"成为中国首个火星车（图3-88），中国实现了中国航天史无前例的突破，中国成为继苏联、美国后第三个真正"踏上"（成功着陆）火星的国家，这也是首次火星探测即实现着陆的国家。

图3-88　"祝融号"着陆示意图

"祝融号"高度有1.85m，重量达到240kg左右。设计寿命为3个火星月，相当于约92个地球日。着陆后至今状态良好，目前在正常环境下的平均速度约一天20m。"祝融号"主要仪器及功能如表3-20所示。

表3-20　祝融号主要仪器及功能表

地形相机	多光谱相机	次表层探测雷达	表面成分探测仪	气象测量仪	表面磁场探测仪
探测火星地形地貌特征	探测火星表面物资类型分布	穿透地表层，看清土壤种类、风化沉淀特征和全球分布，搜寻水冰和生命信息	识别表面颜色类型，探查主要矿物和组成	收集气温、气压、风向、风速等气象环境，开展火星电离层结构和表面天气季节性变化规律研究	探测巡视区局部磁场

接下来，我们继续探究在中国现有的技术水平下，如何规划"祝融号"的最佳取水路径？

考虑到地形因素，我们首先在地形图上找到"祝融号"的着陆点，其次，确定最佳取水的目标区域，最后再进行路径规划。

第一步，我们先在火星地形图（图3-89）上标注"祝融号"的着陆点：经度为109.9°E，纬度为25.1°N。测量出图3-89中火星地形图的的长（m）和宽（n），在此基础上，我们定义火星的经纬度，在火星地形图上竖线是经线，横线的是纬线，在此基础上建立火星的坐标系。

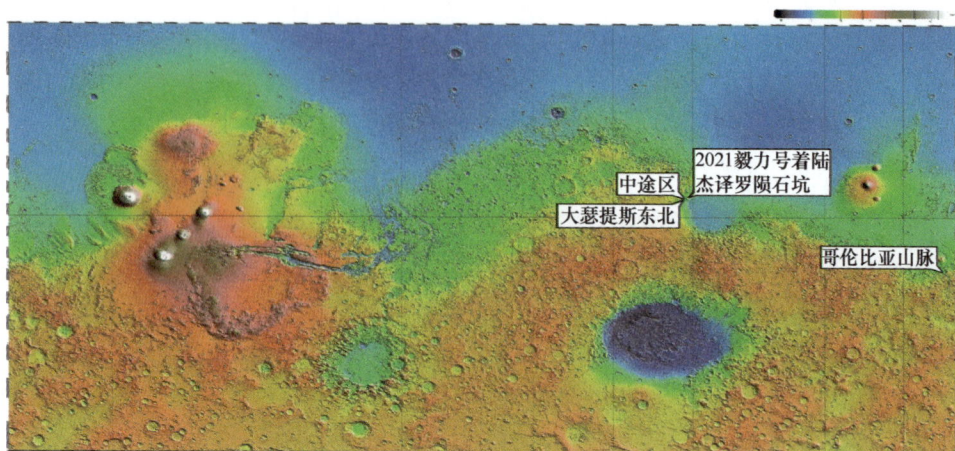

图 3-89　火星地形图

　　我们假设地形图中正中央的经线和纬线分别为 0°经线和 0°纬线。0°纬线向南和向北的变化范围是 90°，南北极点的纬度分别为 90°S 和 90°N。从 0°经线向东和向西的变化范围是 180°，地形图的最东端和最西端均为 180°经线。通过长（m）和 360°的比较，计算出 1°经度对应的图上的距离（l_1）：

$$l_1 = \frac{m}{360°}$$

　　通过宽（n）和 180°的比较，计算出 1°纬度对应的图上距离（l_2）：

$$l_1 = \frac{n}{180°}$$

　　在此基础上，我们完成火星地形图的主要经纬网的绘制。

　　下面计算比例尺，根据定义：

$$比例尺 = \frac{图上距离}{实际距离}$$

　　已知火星的赤道半径 $R_1 = 3396.2$km，极半径 $R_2 = 3376.2$km。那么，火星的赤道周长（C_1）的计算公式：

$$C_1 = 2\pi R_1$$

　　火星子午圈的周长（C_2）的计算公式：

$$C_2 = 2\pi R_2$$

　　根据火星地形图的长（m）和火星的赤道周长（C_1）之间的比值，算出水平比例尺（O_1）：

$$O_1 = \frac{m}{C_1}$$

根据火星地形图的宽（n）和火星的子午圈的周长（C_2）之间的比值，算出垂直比例尺（O_2）：

$$O_2 = \frac{n}{C_2}$$

比例尺计算完成后，我们可以在火星地形图上，绘制出比例尺。

下一步，我们在定义好经纬网的地形图上，标注出"祝融号"火星车的着陆点（109.9°E，25.1°N）。

假设"祝融号"着陆后的首要目标是到达最佳取水区域，我们需要在火星地形图上画出最佳取水区域的位置。首先，根据火星地下水冰分布图，找到最佳取水区域的关键坐标点的经纬度，之后在火星地形图上标出最佳取水区域。

接下来，我们完成最佳取水区域后，假设直线距离上的路径，"祝融号"都可以顺利通过，那么，我们接下来量算"祝融号"从着陆点出发前往目标区域的最短取水距离。通过测量计算出图上距离（s），之后我们再根据公式：

$$比例尺(l) = \frac{图上距离}{实际距离}$$

计算出"祝融号"从着陆点出发到最佳取水区域的距离（s'）：

$$s' = \frac{s}{l}$$

如果按照一天 20m 的平均速度，那么我们就可以计算出"祝融号"到达目标区域的时间（t）：

$$t = \frac{s'}{20}（天）$$

那么，"祝融号"到达最佳取水区域后，应该如何取出并且带回水冰？

✋ **小记者提问**

【**问题一**】根据前面的分析，我们发现火星表面获得的太阳辐射远低于地球表面，那么火星车的太阳能电池能否续航到最佳取水区域呢？尤其是在夜晚太阳落山以后，"祝融号"火星车是否必须停止工作？

"祝融号"从发射后至今，一直运行良好。并且昼夜均可活动。"祝融号"为了解决太阳能电池续航的问题，围绕着以下3个方面进行了设计。

（1）在火星车顶部设计了2个像望远镜一样的窗口。采用类似"温室效应"的原理进行设计，在顶部的2个窗口上绷着一层膜，白天太阳辐射可以顺利进入，但是红外线难以投射出这层膜，这样设计保证了能量只进不出。

（2）增加储存使得"祝融号"可以在没有太阳辐射的情况下继续工作。主要是这样2个设计：1）在火星车窗口的那层膜的下面放了10个"酒瓶子"，它们白天吸收阳光，"酒瓶子"里的固体就会变成液体。到了晚上，为了保证设备的温度不再降低，"酒瓶子"里的物质就从液体又变回了固体，从液态变为固态的过程会放出热量，这样保证火星车的温度在夜间不会大幅度下降。2）设计师给"祝融号"火星车穿了一层气凝胶做的"棉袄"。这个特殊材料的"棉袄"有两大特点：一是轻，二是隔热效果好。这样能够保证即使在炎热的夏天，火星车依然能够正常工作。

（3）给予火星车一定的自主性，使其能够根据能量使用和储存情况来设置状态。火星与地球之间的距离近4亿千米，无线电的信号从火星传到地球上来需要22min的时间，那么来自地球的科学家们不一定能够及时回复并且应对"祝融号"面临的问题。因此，设计师们给予了"祝融号"一定的自主性，它可以根据自己的能量使用和储存情况来决定做什么工作，决定遇到困难时是否需要终止正在做的工作，是否需要进入休眠睡觉等。

【**问题二**】通过问题一，我们明确了"祝融号"火星车在太阳能蓄电方面的这样设计。但是，如果遇到了遮天蔽日的沙尘暴，且持续时间较长的时候，火星车收到的太阳辐射比较少，并且一旦电池片上积累了很多沙土之后，火星车是否还能顺利运行呢？

沙尘暴是火星上常见的现象，所以在设计"祝融号"火星车的时候，已经考虑到了沙尘问题。设计师把电池片的玻璃设计成有很多尖的针床，这样沙尘暴天气或者扬尘天气的时候，灰尘会落在针床上，但是在火星车太阳翼运动的过程中，灰尘会非常容易滑落，最终使电池片的表面保持着干净和清洁。这个设计特别像夏天池塘里的荷叶，下雨后水珠会在荷叶上聚集，但是一旦有风吹来，水珠就会从荷叶上掉落下去。

但是，如果火星上出现持续时间非常长的强沙尘暴天气的话，确实存在影响火星太阳能电池蓄电的情况，那么火星车可以根据具体的情况来决定是否终止工作或者是否需要休眠。

【问题三】前面提到，在火星车取水过程中，假设直线距离上的路径"祝融号"都可以顺利通过。那么针对火星表面大小石块比较多的现状，火星车是否都可以顺利通过呢？实际路径的规划是否可以在课堂中体验？

火星表面的石块比较多，地形比较复杂，并且容易把火星车的车轮扎破。针对这些情况，"祝融号"的底盘设置了可升降的主动悬架结构，这样火星车在遇到特定地形的时候可以把底盘抬高并且自由转向，它的 6 个轮子均可以独立驱动，即使在悬空的情况下，多个轮子依然可以自由移动。科学家们还为"祝融号"重新设计了驱动方案，在极端地形下依然可以实现"蠕动""蟹行"和"踮脚"等复杂机械操作，成为一辆不折不扣的"火星六驱越野车"。比如当"祝融号"火星车的整个车轮大部分都已经陷在沙子里，它的前轮向前行驶，中轮和后轮先不动，整个过程中车身降低；接下来前轮不动，中轮和后轮再向前行驶，过程中车身再抬高。这个过程就像一只小虫子在蠕动，这样做的好处就是它能够轻松地从沉陷的沙土地里走出来。为了正好地适应火星的环境，"祝融号"的移动速度非常缓慢，以速度为 cm/s 的单位运行，经常走一步，歇两步，用表 3-20 中的地形相机等仪器确认安全后再出发。万一"祝融号"真的遇到困难了，在地面还有一个完全一样的火星车备份，可以模拟类似的场景进行试验，设计多种解决方案，帮助它脱困。

目前还没有高精度的三维火星地形图供课堂体验。同学们在课堂上可以使用三维数字地球——locaspace viewer 软件进行模拟体验。因为三维数字地球是地球的数据，大家可以选择地球上最像火星的地方——青海省海西州茫崖市冷湖地区火星营地进行路线的规划体验。火星营地位于柴达木盆地边缘，因为地貌极像火星，因此也被称为"地球上最像火星的地方"。

📋 小测试

（1）火星表面的水最主要存在形式是（　　）。

A. 冰　　　　　B. 水　　　　　C. 水蒸气　　　　　D. 没有水

参考答案：A

（2）太阳落山以后，祝融号火星车还可以继续开展工作吗？说出你的答案
（　　）。

A. 不可以　　　　　　　　　B. 可以
C. 取决于晚上是否下雨　　　D. 必须在夏天的晚上

参考答案：B

（3）下列关于"祝融号"火星车的说法正确的是（　　　）。

A. 只要火星上出现沙尘天气，"祝融号"就必须停止工作并收起太阳能电池板
B. "祝融号"平均每天 20m 的速度太慢，应该加速工作以期获得更多的数据
C. 因为火星昼夜温差特别大，为了节省能源，"祝融号"应该夜晚停止工作
D. "祝融号"的底盘设置主动悬架结构和独立驱动轮，便于在火星表面移动

参考答案：D

案例 12　设计太空健身房

？提问

同学们，宇航员在太空时需要健身吗？在太空健身和在地球健身有什么不同吗？

导读

21 世纪以来，人类载人航天活动取得了巨大成就。随着科学技术的迅猛发展和太空战略地位的提高，深空探测任务成为各国航天计划的首选目标。宇航员作为完成各项科研和探索任务的执行者和指挥者，是载人深空探测系统的核心，如何保障宇航员的健康是载人航天医学研究的首要任务，也直接影响未来载人航天项目的发展。

随着宇航员进入太空，由于与地心距离增大，宇航员受到的重力几乎为零，这就是太空的微重力环境。由于太空中的微重力环境，"天宫课堂"中的刘洋老师可以轻松地用 2m 长的吸管喝水，王亚平老师平抛出的"冰墩墩"也水平飞出，并没有落到地面。虽然这些现象很有趣，但如果人体一直处于微重力的环境，会对人体健康产生非常不利的影响。除微重力外，太空环境还具有强辐射、高真空、强磁场、超低温等特点，这些因素都会影响宇航员的健康。

所有的生命系统都存在于一定的环境之中，在不断变化的环境条件下，依靠自我调节机制维持其稳态。经过漫长的进化过程，人体已经适应了地球上的生活，进入太空后，人体各个系统都会受到影响。为了减少太空环境对人体健康的影响，宇航员在空间站每天都要进行科学的体育锻炼。

同学们，你们知道宇航员在太空如何健身吗？在太空健身和在地球健身有什么不同吗？如何设计太空健身房才能有效减少太空环境对宇航员健康的影响？

我们可以按照以下思路展开研究：

（1）了解微重力环境对人体各个系统的影响，分析太空健身的必要性；

（2）讨论太空健身和地球健身的区别，归纳太空健身项目的特点；

（3）尝试设计太空健身器械，制定使用说明书。

基础理论和知识介绍

人体的运动系统由骨、关节和肌肉组成。骨主要由骨组织（骨细胞、胶原纤维和基质）构成，彼此牢固连接，构成人体的支架。骨组织属于结缔组织，有大量规则排列的胶原纤维，并有大量钙盐沉积其中，使骨很坚硬。骨与骨之间通过关节等方式相连形成骨骼，具有维持体形及人体的直立、支撑体重、保护体内柔软器官的作用。成人骨骼由 206 块骨组成，这些骨骼和骨骼肌共同组成人体的运动系统。

肌肉是人体的一种组织，分布在各组织器官及骨骼表面。肌肉根据分布部位及特征，又分为 3 种：（1）分布于心脏，自律性极高的心肌；（2）分布于呼吸道、胃肠道等器官，受自主神经支配、有分泌功能的平滑肌；（3）分布于身体各处，附着在骨骼上的骨骼肌，是分布最广的肌肉。

重力是维持人体骨骼肌肉形态的必要条件。宇航员进入微重力环境后，人体骨骼不再承受人体的全部重量，肌肉运动的减少也减轻了对骨骼的刺激，骨骼血液供应减少，因此骨质中的钙大量流失，导致宇航员骨质丢失，骨量减少，引起骨质疏松，而且持续时间很长。同时，肌肉也会开始萎缩，其中附着于骨骼的骨骼肌受到的影响最大。肌肉萎缩导致肌肉质量下降，同时伴随肌肉收缩及相关纤维的收缩性减弱，功能下降（见图 3-90）。

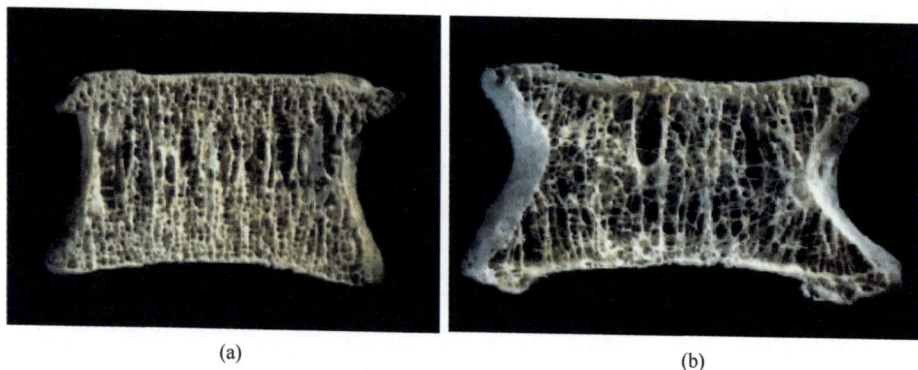

(a)　　　　　　　　　　　　　　(b)

图 3-90　正常的骨骼(a)和骨质疏松的骨骼(b)

血液循环系统由血液、血管和心脏组成。血液循环系统具有运输氧与二氧化碳、营养物质与代谢废物以及激素等功能。血管是人体内的运输系统，血管里流动着血液，它们将来自消化道的营养物质、来自肺部的氧迅速运往身体各处，同时将细胞产生的二氧化碳等废物及时运走。心脏是一个主要由肌肉组成的中空的器官，内部有一道厚厚的肌肉壁将心脏分隔成左右不相通的两个部分。每一部分各有两个腔，上面的空腔叫心房，下面的空腔叫心室。心脏的四个腔分别有血管与它相连通。

一次心跳包括了心脏的收缩与舒张过程（见图 3-91）。当心房收缩时，血液被压出心房，穿过瓣膜进入心室。接着心室收缩，心房与心室间的瓣膜关闭，左心室的血液从主动脉泵出流向全身各处，右心室的血液从肺动脉泵出流向肺部。然后动脉瓣关闭，心房和心室均舒张，肺部的血液经肺静脉回流入左心房；全身各处的血液经上腔静脉、下腔静脉回流入右心房。

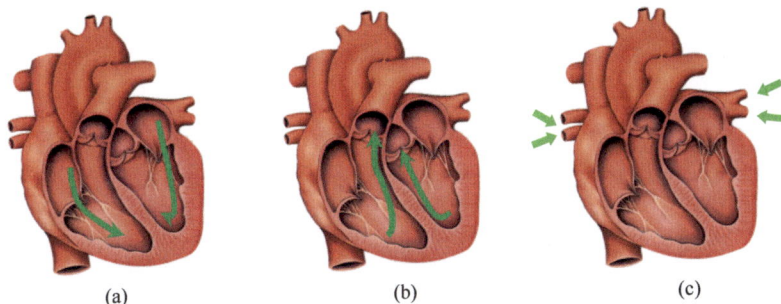

图 3-91　心脏工作示意图
（a）左右心房收缩；（b）左右心室收缩；（c）全心舒张

在地球上，循环系统使体液克服重力在体内循环，但在微重力环境中，循环系统不会像在地球那样剧烈工作，心血管功能的改变导致宇航员下身的血液、淋巴等各种液体会更多地涌向胸腔、头部，造成面部浮肿、头胀、颈部静脉曲张，身体质量重心上移，身体上部静脉压和毛细血管流体静压增加，体液由毛细血管内向血管外转移。同时，由于血浆体积减少，外周阻力降低，宇航员的心脏肌肉也会出现萎缩，心脏体积会逐渐减小。心肺血量增加、心脏做功减少、心肌萎缩、心率下降，心律不齐等心脏结构和功能的改变，最终导致心脏功能下降。

除了运动系统和血液循环系统，微重力环境还会造成宇航员感觉神经系统紊乱、体液头向转移，太空的辐射、密闭环境还会造成宇航员免疫力下降、节律紊乱、产生负性心理反应等。

🖐 小记者提问

【问题一】宇航员在太空健身不停歇，这真是运动的"最高境界"。为什么要这样做呢？

为减少微重力环境对人体的不良影响，宇航员在飞行中要采用一些特殊的对抗措施，包括体育锻炼和特殊装置，例如拉力器锻炼、自行车功量计锻炼、跑台锻炼、穿企鹅服等。这样做的目的在于降低骨骼的退化和骨密度流失，保持肌肉（包括心脏肌肉）的力量，为太空行走和空间站工作维持足够的身体行动能力。此外，也可确保长期太空生活后，宇航员有足够的行动力应对着陆期间的紧急程序，也有助于回归地面后的身体恢复。

【问题二】由于微重力环境，太空健身与地面健身有很大的不同，太空健身器械不仅要保障宇航员在太空健康生活，还要具备安全、实用等特点。设计太空健身器械时应该考虑哪些因素？请在下图中记录设计太空健身项目的特点。

【问题三】请你设计一台太空健身器械，绘制设计图，说明器械的结构、材料等信息，并制定使用说明书。你可以对地面的健身器械进行修改，也可以设计一台全新的太空健身器械。

小测试

（1）宇航员进入太空后脱离了地心引力，血液上浮，头部血量增加，机体会误认为身体中水量过多，从而引起身体排尿增加造成脱水。下列有关人体内环境和稳态的叙述，正确的是（　　）。

A. 宇航员进入太空后，只需要定期补充水分就能保持健康

B. 宇航员失水过多，会引起组织液增多造成局部组织水肿

C. 宇航员进入太空后，垂体合成的抗利尿激素会增加

D. 宇航员失水过多，将会导致细胞外液的渗透压升高

参考答案：D

（2）宇航员在太空期间要锻炼身体，下列运动方式中有效的是（　　　）。
A. 做引体向上
B. 做俯卧撑
C. 举哑铃
D. 原地蹬自行车

参考答案：D

（3）神舟十三号乘组航天员叶光富进行了"太空细胞学"实验，向我们展示了失重状态下跳动的心肌细胞，心肌细胞能收缩和_____。下列人体的结构层次：①心肌细胞；②心脏；③肌肉组织；④循环系统，从微观到宏观的排序依次是_____（用序号表示）。

参考答案：舒张　①③②④

案例 13 "太空之眼"——人类的好帮手

❓ 提问

人类为什么要在浩瀚宇宙中放置遥感相机呢？借助遥感相机这个"太空之眼"可以实现从遥远的太空对地球照相，就能够"看到"地球表面的变化，这会给人类带来怎样的帮助呢？又能够为人类提供怎样的服务呢？

📖 导读

生活中我们对于拍照并不陌生，各种各样的拍照工具也越来越方便，手机、卡片机、单反等多种多样的设备，可以满足日常生活中小至随手拍、大至专业摄影的需求。可以通过照片来记录某些特殊场景，或者制作一些专业的摄影产品。照片对于人类的意义已经无需多言。

在生活中拍照时会发现，照相设备视野所及范围非常有限，只能拍到很小范围内的景物，虽然目前拓展出全景模式，但是随之而来的是非常大的影像畸变问题。我们知道，通过提高拍摄高度可以大大提高拍摄的景物范围，例如在山顶、屋顶等地方，可以拍到更宽、更远范围内的景物，这便是遥感卫星的"缩小模型"。

光学遥感卫星就是放置在太空中的一台照相机，是人类的"太空之眼"。借助它的帮助，可以获取地面几百公里×几百公里，甚至几千公里×几千公里范围内的物体影像。光学遥感卫星带来的拍摄范围的数量级式拓展可以使地面照片的应用范围发生颠覆性的变化，例如全球森林植被生态系统监测、城市建设监测、环境减灾、碳排放量监测等。

那么，应该怎样利用"太空之眼"提供的数据，充分挖掘数据潜能，最大化地为人类服务呢？

🔁 基础理论和知识介绍

地面物体反射的太阳光，穿透大气层进入光学遥感卫星上搭载的相机内部，然后经过相机探测器进行光电转换，就可以获取地面景物的数字照片，这个过程就是光学遥感的原理（见图 3-92）。

但是，地面物体反射的太阳光经过大气层的衰减（见图 3-93），并不是所有颜色（遥感中称之为谱段）都可以完全穿透大气层到达遥感相机。可见光近红外谱段（$0.4 \sim 1.5\mu m$）是太阳辐射能量最为集中（约占总能量的 80%）的谱段范围，也是应用领域最为广泛、光学遥感器最常采用的谱段范围。

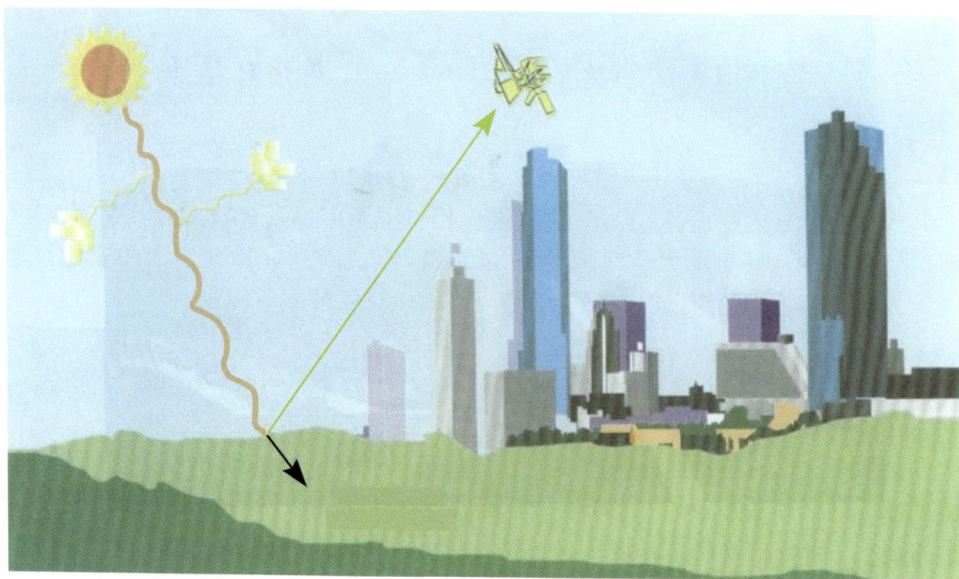

图 3-92　遥感原理

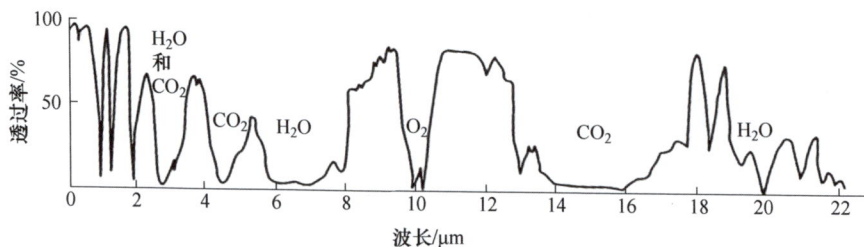

图 3-93　大气对不同谱段的衰减作用

　　每个谱段有着自己的特点，因此可以被人类用来实现不同的科学研究目标。目前国内外典型的应用谱段有：

　　（1）全色谱段（0.45～0.90μm）：包括可见光到近红外这一范围的较宽谱段。谱段宽度较大，相机获得的能量较多，分辨率往往较高，主要用于高精度制图、地面物品的高精度识别等。

　　（2）蓝色谱段（0.45～0.52μm）：位于水体衰减系数最小、散射最弱的区域，主要用于判别水深、浅海水下地形、水体浑浊度、沿岸水、地表水等，进行水系及浅海水域制图；同时，该谱段还位于叶绿素的吸收区，可以应用于森林类型识别与制图、土壤和植被区分、植物胁迫识别等领域。

　　（3）绿色谱段（0.52～0.60μm）：位于健康绿色植物的反射区，可以应用于植物类型识别和生产力评价；同时，该谱段还对水体具有一定的穿透力，能够在一定程度上反映浅水水下特征、水体混浊度等，对水体污染特别是金属和化学污染的识别效果较好。

（4）红色谱段（0.63～0.69μm）：位于叶绿素的主要吸收带，可应用于区分植被类型、覆盖度，判断植被生长健康状况；同时，该谱段对水中悬浮泥沙反映敏感，可用于研究泥沙流范围。

（5）近红外谱段（0.70～0.90μm）：位于植被的高反射区，能够反映大量的植被信息，对植被的类别、密度、生长力、病虫害等变化敏感，能够应用于植被识别分类、生物量调查及作物长势测定；同时，该谱段还处于水体强吸收带，有利于勾绘水体、区分土壤湿度、寻找地下水、识别与水有关的地质构造等。

🌐 科学实验与计算

遥感影像的空间分辨率（Ground Sampling Distance，GSD）是指每个像元所代表的地面实际范围的大小，或地面物体所能分辨的最小单元。通俗来讲，就是能够"看清楚"的最小地面尺寸，可以根据遥感卫星的参数简单计算获得。

$$GSD = \frac{H}{f} \times d$$

式中，f 为相机焦距；H 为卫星轨道高度；d 为相机探测器像元尺寸。

幅宽是遥感相机能够一次拍到的地面景物的范围（见图3-94），大幅宽可以在一次过境期间获取较大范围的地面信息，相对多轨拼接获取大幅地面信息的方式，具有明显的时间效率优势。

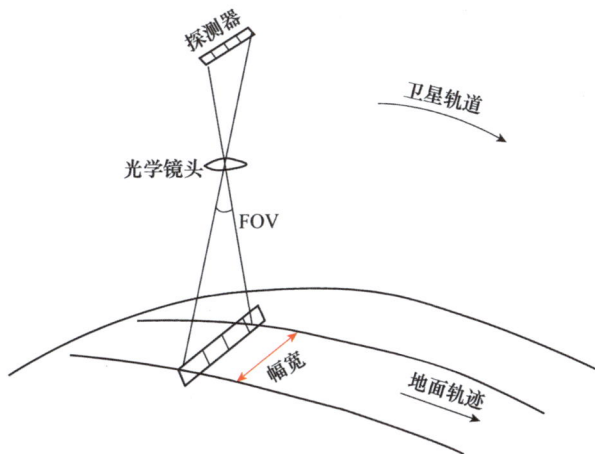

图3-94　幅宽

幅宽也可以根据遥感卫星的参数简单计算获得。

$$S = 2\tan\frac{FOV}{2} \times H$$

式中，S 为遥感卫星幅宽；H 为轨道高度；FOV 为相机的视场角。

小记者提问

【问题一】我国现在都有哪些光学遥感卫星？

我国现在已经形成了高分系列、环境减灾系列、海洋系列、资源系列、风云系列、商业卫星等民用光学遥感卫星系列。

其中高分系列卫星已经形成了亚米级分辨率的监测能力，为我国自然资源、调查监测、开发利用、地质勘查、应急减灾、农业调查、住建监测、林业保护等领域提供高精度数据支持。

环境减灾系列已经在轨有光学+合成孔径雷达（Synthetic Aperture Radar，SAR）小卫星星座，可以为我国区域生态、环境空气、地表水环境、城市环境、环境灾害、全球环境变化等大范围、全天候、全天时、动态地监测与评估提供遥感数据支持。

资源系列、风云系列、商业卫星系列等一系列卫星一直在与人类生活息息相关的领域内（如天气预报、大范围精准监测）发挥不可替代的作用。

【问题二】幅宽和分辨率是遥感相机非常重要的指标，为什么不把所有遥感相机都做成大幅宽和高分辨率呢？

从分辨率计算公式可以看出，空间分辨率越高，要求相机的焦距 f 就越长，像元尺寸 d 就越小，前者会带来相机尺寸、质量增大，后者会带来探测器获取的能量不足，不利于图像质量的提升。

另外，幅宽越大，要求相机的视场角越大，如果同时还要求分辨率不变，从光学设计上将会引起相机的焦距、尺寸、质量急速增加，势必会对运载火箭的整流罩尺寸及运载质量等需求更为苛刻。

因此，分辨率、幅宽等指标需要根据实际应用需求、火箭能力、造价等进行权衡。

小测试

（1）光学遥感卫星拍摄相比地面摄像头或照相机拍摄的优势是（　　）。

A. 拍摄范围广　　　　　　　　B. 图片更清晰

C. 人力成本小　　　　　　　D. 随拍随用

参考答案：AC

（2）以下哪些是光学遥感数据服务于人类的实例？（　　　）

A. 火灾损失评估　　　　　　B. 气象预报
C. 婴儿房间监视　　　　　　D. 超市防盗监测

参考答案：AB

案例 14 "有血有肉"的卫星的诞生

❓ 提问

目前人类往太空中发射了多少颗卫星？按用途分类，有多少种？一颗卫星是如何被制造出来的？如果你是卫星总装设计师，你将如何规划卫星制造过程呢？

📖 导读

自从 1957 年 10 月 4 日苏联发射第一颗人造卫星斯普特尼克 1 号（见图3-95），人类世界就切换到一个崭新的频道——太空时代的卫星频道。在此前的超过 45 亿年内，地球只有一颗天然卫星——月球。"斯普特尼克 1 号"，成为人类这种智慧生命送给地球母亲的另一颗卫星。它揭开了人类航天史的大幕。

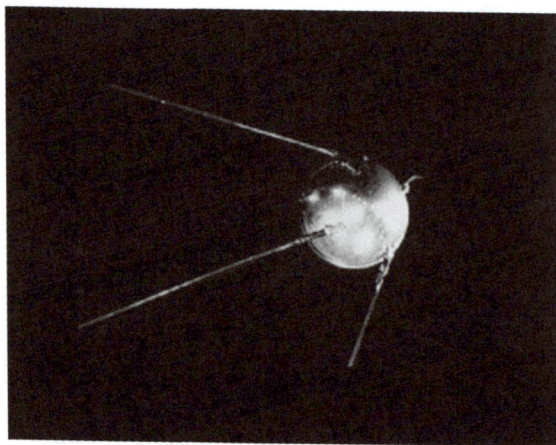

图 3-95　斯普特尼克 1 号卫星

截至 2021 年，全世界已经有 12223 个航天器被发射到太空，其中绝大多数为人造地球卫星。目前太空中还在运行的卫星超过 4000 颗。1970 年 4 月 24 日，"长征一号"运载火箭载着我国第一颗人造地球卫星"东方红一号"从中国西北部甘肃酒泉卫星发射中心发射成功。截至 2021 年，我国已发射 711 颗航天器，其中大多数为人造地球卫星，目前还在运行的卫星数量超过 300 颗。

人类为什么要发射这么多卫星到太空中呢？卫星到底有什么用？这些卫星都一样吗？

实际上卫星可以携带各种各样的有效载荷，实现完全不同的功能，扩展空间极大。早期的卫星大都处在航天技术验证阶段，它们的基本功能也仅是广播和简单科学试验等。但很快卫星的各种潜力被开发出来，随着人类航天走过 63 年，卫星的家族越来越庞大，分类方法更是多种多样。按用途来说，卫星主要可分为通信卫星、导航卫星、气象卫星、遥感卫星、科学卫星、军事卫星等。

（1）通信卫星。顾名思义，通信卫星就是现代社会传递信息的"烽火台"和"千里马"，其工作原理如图 3-96 所示，其本质工作是将信息高效准确地在用户之间传递，包括电视和直播数据、移动通信数据、广播数据、互联网数据，以及月球和火星上着陆器/巡视器的科学研究数据。按照不同需求，通信卫星使用的轨道面囊括了几乎所有类型。最为人所知的是位于赤道上空 35786km 的静止地球轨道，轨道周期与地球自转同步，从地面看来是永远固定的"烽火台"，适合大型通信卫星工作。你能计算出最少需要几颗静止地球轨道通信卫星就能够覆盖全球吗？

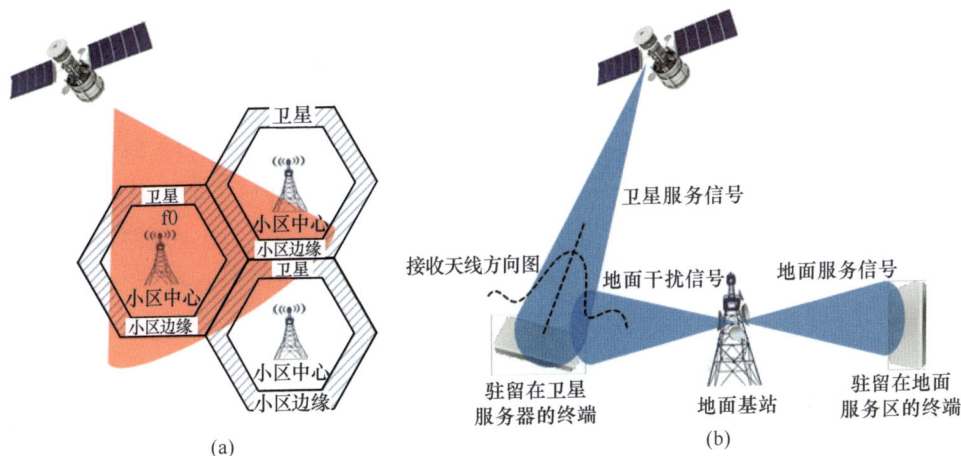

图 3-96 通信卫星工作原理

（a）L、S 频段；（b）Ku、Ka 频段

（2）导航卫星。导航卫星是通信卫星的衍生应用，不过目前全球的主流导航卫星都是卫星—用户单向信息传递方式。卫星仅需要向地面不断播报自身的精确位置和时间，用户接收到超过 3 颗卫星数据时，就可算出与卫星的精确距离，从而建立方程组解算出三维坐标和时间信息，如图 3-97 所示。由于用户全程不需要跟卫星互动交流，因此理论上讲用户数量是无限的，这就好比电台不需要在乎有多少用户在收听。导航卫星一般部署在距离地球 20000km 附近的高空，每隔约 12 小时绕地球一圈，24 颗足以满足理想的定位服务要求。

导航卫星的应用价值极大，它提供全天候、全天时、全球覆盖的高精度导航和定位授时服务，已经完全颠覆了人类个人出行和物流的方式。目前全世界主要

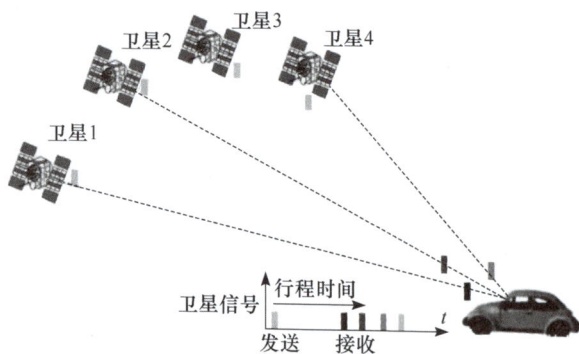

图 3-97　导航卫星工作原理

的导航卫星系统主要有美国全球定位系统（Global Positioning System，GPS）、中国北斗、欧洲伽利略、俄罗斯全球卫航卫星系统（Global Navigation Satellite System，GLONASS）等。其中中国北斗卫星导航系统，经过 26 年的发展，于 2020 年 6 月完全建成。它是唯一包括中远地球轨道和同步地球轨道(倾斜+静止)的系统，同步地球轨道可以提供类似通信卫星的双向信息传递的短报文服务，独具特色。

（3）气象卫星。气象卫星几乎是人类进入航天时代后第一时间开始研发的重要卫星类型。定位于赤道上空静止地球轨道的气象卫星可以稳定观测固定的大片区域。例如，风云四号卫星（见图 3-98）可以实时在各种波段观测整个中国大陆，由于视角固定，因此任何一丝相对的变化都可以审视清楚。然而由于距离地球表面太远（35786km），很难观察清楚细节，因此还需要搭配低轨极地轨道卫星——高度仅 850km 左右的"风云三号"系列，可以在 100min 左右绕地球一圈，数颗卫星即可对中国实现高时效高分辨率的"明察秋毫"。这些年来中国在农林牧渔和防灾减灾领域的极大突破，它们功不可没。

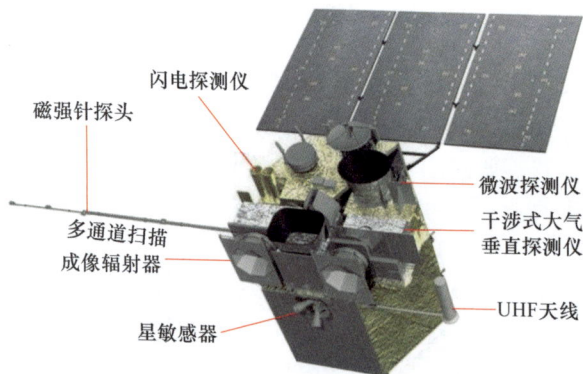

图 3-98　"风云四号"卫星

　　（4）遥感卫星。相比巨大的地球，人类的活动范围实际上是微不足道的，目前城市建成面积占陆地面积 3% 左右，更何况还有更为广袤的海洋。人类的各种探索工具，汽车、轮船和飞机，也根本不可能对地球进行全覆盖、高时效性的全面观测。遥感卫星（见图 3-99）提供了绝佳的方案，大量低轨卫星（300～2000km 高）携带各类科研仪器，可以在极短时间内飞过地球一圈，且卫星寿命一般可以长达数年，能长期稳定提供海量观测数据，远远超过人类的任何一种其他工具。典型应用如高分系列、资源系列、海洋系列，它们在国土勘查、资源勘探、防灾减灾、农林牧渔等领域发挥了巨大的作用，是人们安居乐业背后的守护神。

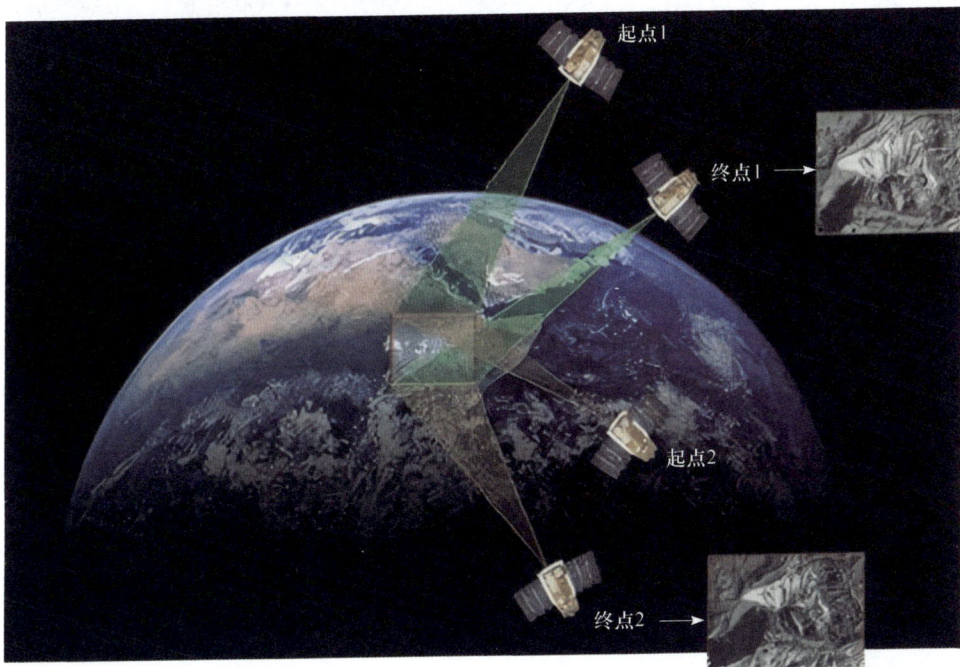

图 3-99　遥感卫星工作原理

　　（5）科学卫星。科学是人类探索未知领域的钥匙。由于人类有太多的未知，因此科学的种类也自然五花八门。航天时代的到来，颠覆了无数科学领域的发展模式。例如天文学、物理学、地球科学领域，在进行地面试验时，它们往往深受大气层、地球重力、地表空间环境等因素干扰。进入太空之后则是完全不同的情况，这里几乎没有重力、没有大气，还有最原始的太阳和宇宙辐射环境，且能够登高望远，最大限度记录真实的数据。例如大名鼎鼎的太空望远镜系列，哈勃（见图 3-100）、施皮茨、赫歇尔、盖亚、开普勒等，极大拓展了天文学发展。中国同样如此，悟空和慧眼等让我们有机会看到宇宙深处的秘密。而在地球重力场、全球磁场、大气研究、地表地下水循环、冰架冰川变化、气候变迁等领域，众多科学卫星不仅实现了前所未有的覆盖，也实现了前所未有的精度。返回式卫星的出现，也允许农业育种、高新材料制备、生物试验等先在太空进行，然后返回地球进行进一步处理，极大丰富了相关行业的发展空间。科学类探测器也是人类研究宇宙邻居的最好工具，人类把科学探索的脚步迈到了月球、太阳系八大行星、众多矮行星和小行星、彗星、太阳，甚至在飞出太阳系的旅途中。这些目标深空的科学类探测器也成为最好的人类使者。

图 3-100　哈勃望远镜

（6）军事卫星。人类航天的出发点是服务于军事的导弹/火箭，后续的很多任务定位亦是如此，可以说军事卫星是所有卫星种类出现的基本出发点。因而军事卫星基本涵盖了所有的上述种类。不过相较而言，军事卫星的最大特点是极度昂贵，它不仅追求极致的性能，也追求极致的安全性，例如抗干扰能力等，这导致军事卫星的价格让人咂舌。但军事卫星也换回了相应的价值，造福了民用领域。可以说，军事卫星永远代表着一个国家航天实力的最巅峰。

上面介绍了各种功能的卫星，这些卫星在组成上有何不同和相同之处呢？各种卫星根据不同的任务需求，可搭载不同的载荷，配备不同的软件和硬件，以满足其在轨运行的各项需求。类似于人的一生，青少年阶段发育好身体的各个器官，并且学习各种基础知识；大学阶段，根据不同的就业意向选择学习专业，训练该专业的技能；参加工作后，每天忙于工作，但为保证工作的正常开展，还要满足人对衣食住行的基本需求。各位同学可以类比思考，制造一颗卫星，需要进行哪些工作？

人造地球卫星是由哪些部分组成的呢？人造地球卫星无论是从外形还是内部结构上讲，可以说千差万别，但是它们在系统组成上都包括两大部分，即公用系统和专用系统。卫星的公用系统是指任何类型和用途的卫星都必须配备的系统，公用系统的集成现统称为"平台"；专用系统则是指不同用途的卫星，为了完成技术任务而配备的特有系统，专用系统现统称为"有效载荷"。

卫星的公用系统通常称为平台系统，类似于人类的身体，一般包括以下几个分系统：

（1）结构与机构分系统：类似于人体骨骼，用于支撑卫星整体结构，保证卫星的刚度。

（2）热控分系统：类似于人体的体温调节系统，用于调节卫星温度，保证卫星温度相对稳定。

（3）供配电分系统：类似于人体的消化系统+血液循环系统，用于为身体提供和运输能量。

（4）姿态和轨道控制分系统：类似于人体的肌肉和四肢，用于调整卫星相对地球的姿态和位置。

（5）测控分系统：类似于人体的耳、眼等器官，用于对外界进行感知。

（6）数据管理分系统：类似于大脑，用于对各种信息进行处理和传输。

卫星的专用系统（有效载荷）是卫星用于完成任务的有效部分。不同用途的卫星有不同的有效载荷。例如，资源卫星的有效载荷就是各种遥感器，包括可见光照相机、多光谱相机、多光谱扫描仪、红外相机、微波辐射计、微波扫描仪和合成孔径雷达等；气象卫星的有效载荷包括扫描辐射计、红外分光计、垂直大气探测器和大气温度探测器等；通信卫星的有效载荷主要是通信转发器及通信天线；天文卫星的有效载荷是各种类型的天文望远镜，包括红外天文望远镜、可见光天文望远镜和紫外天文望远镜等。卫星的有效载荷类似于上大学后所学的专业，都是为了满足未来工作中的需求。

🔁 基础理论和知识介绍

卫星制造主要有三个环节，卫星总装、卫星部装和卫星零件制造，按专业分类，涵盖机械加工、电子装联、焊接、表面处理、热处理、复合材料成型和装配7类。通常一颗卫星从零件到整星的制造过程需要经过几十家单位，上万人协作，共同完成，涉及的知识量和工作量巨大，很难用一个项目概括。本节重点针对卫星总装过程，与大家分享卫星总装制造方法和知识。

卫星总装服务从各分系统仪器设备交付开始，至完成全部装配和测试，并将卫星交付发射为止，包括卫星装配、测试、出厂转运、发射场的总装和测试，以及发射塔架的最后装配和测试工作。总装阶段的工作可划分为 4 个：总装工艺设计、计划协调、总装操作实施、质量控制；其中总装操作实施是卫星从组件到整星最直接的星上工作，主要工作包括：分系统设备安装、电缆铺设与插接、热控实施、测试与试验等。

卫星总装阶段如果用"女娲造人"的视角去类比，可以看成先组合出身体（设备安装、电缆网铺设与插接、热控实施），然后解决人的衣食住行等基本需求（热控实施、姿控、轨控、供配电和地面保障等），选择一个或多个职业（有效载荷），并提供各种保障措施确保能够顺利地开展各项工作（飞控）。

1. 分系统设备安装——组合出卫星的身体

卫星结构通常是用铝蒙皮的蜂窝结构板加工而成，这种结构的平均密度小、刚度好，适合航天器使用。卫星结构作为卫星的"骨架"，也是卫星的基础。卫星总装工作是从卫星整星结构交付开始的，就是将各个分系统的设备在一定规则下安装到卫星结构上。但卫星分系统设备安装不同于搭积木，不是简单地把设备与舱体结构连接起来，而是需要根据它们的性能和特点，进行必要和特殊的设计，尽量满足不同仪器设备的不同安装要求。

有精度要求的仪器设备，如陀螺、加速度计、动量轮等姿态控制系统的仪器，其安装支架必须有足够的强度、刚度和精度，并且安装角度需满足一定精度；摄影与定位相机等有效载荷分系统的仪器在安装时必须保证其安装定位精度，必要时采取相应的精度调整措施；推力器等推进分系统的设备，为了充分利用发动机或推力组件的推力，安装时应使其推力作用线尽量接近设计力作用线，这样才能最大限度地发挥推力组件的作用，也避免了附加力的干扰。

卫星的展开组件和活动部件包括太阳翼及其驱动机构、可展开天线、相机遮光罩等，安装设计时需要给活动部件和电缆留有足够的活动空间。另外卫星上的活动部件在太空中的真实工作环境是零重力环境，因此在安装过程中需要模拟零重力的状态，确保活动部件安装状态与在轨状态一致，减少卫星在空间运行中的阻力，如图 3-101 所示。

另外有密封要求的仪器设备、星上传感器、工艺件等多种设备安装时都有特殊要求，需要有特殊的方法，例如使用地面设备进行保护、设备试装等，保证上星后产品性能可靠。

图 3-101　卫星太阳翼零重力安装

2. 整星电缆网铺设和插接——建立血液循环系统和神经系统

整星电缆网包括低频电缆网和高频电缆网，分别由多根低频电缆和高频电缆组成，是连接卫星各分系统设备的纽带。整星电缆网的作用主要是传输能源和信息，因此可以看作是卫星的血液循环系统和神经系统。整星电缆网将卫星"身体"的各个部分有机连接起来，使卫星可以健康、高效地运转。

为什么卫星的电缆网要分为低频电缆和高频电缆呢？这就要提到一种物理现象——集肤效应。当导体中有交流电时，导体内部的电流分布不均匀，电流集中在导体的"皮肤"部分。也就是说电流集中在导体外表面的薄层，越靠近表面，电流密度越大，导体内部实际上电流较小；宏观现象表现为导体的电阻增加，功率损耗大大增加，同时导体发热。集肤效应受电流交变频率的影响最为显著，频率越高，集肤效应越显著。为规避集肤效应的影响，卫星上传递高频信号的电缆需使用高频电缆。高频电缆通常使用多股相互绝缘的细导线编制成束，来代替同样截面积的粗导线。

卫星电缆网铺设的主要工作是通过绑扎、粘接等方式将整星电缆网安装到卫星结构上，安装时应满足走向合理、长度最短的要求，同时满足电磁兼容性、质量平衡等要求。通过对应电连接器的插接，实现卫星各设备的连接。由于高频电缆工作时发热，因此必须单独铺设和绑扎，不能和低频电缆一起绑扎。低频电缆网中，供电电缆通常也要单独绑扎。

除用于传输能量和信息的低频电缆和高频电缆外，卫星还要搭接各种接地电缆，确保整个形体相互导通，构成一个等电位体。通常在整星结构上设置有接地桩，各分系统设备利用接地桩进行整星或者单点接地。

3. 整星热控实施——卫星的体温调节系统和衣服

卫星工作的空间热环境非常的极端，主要体现在两个方面：首先是温度的差异很大，面向太阳的一面可以非常热，面向深空的一面可以非常冷，其次温度的变化很快。温度的不均匀和快速的变化对卫星来说都是极大的挑战，所以卫星的热控制非常必要。

卫星热控分系统的作用就是让卫星处于适宜工作的温度范围，这就像我们冬天出门穿棉袄、进门有暖气，夏天出门穿短袖、进门开空调一样。人类在大概二十多度的范围里就比较舒服，几度和三十几度就不舒服，超过这个范围还可能生病甚至有生命危险，卫星也有适宜工作的温度范围，超过这个范围，卫星的性能下降，寿命缩短，甚至直接失效。

卫星上的仪器设备对温度的需求各不相同，甚至相差很大。例如很多电子器件要求常温，也就是类似于地面环境中的温度；而红外探测器需要比较低的工作温度（而且可能是非常低的温度，例如零下一两百度）。另外很多大功率的仪器可能在工作的时候产生大量的热，如果不及时散热就会对其他仪器造成影响。太空和地面的不同之处还在于太空中空气稀少，缺少对流散热的环境。所以卫星的热控并不像冬天出门穿棉袄、进门有暖气、夏天出门穿短袖、进门开空调一样容易。

卫星热控的手段主要可以分成两大类，一种是被动热控，也就是通过材料选择，布置一次就做好了不用后续操作；另一种是主动热控，是在卫星内、外热流状况发生变化时，通过某种自动调节系统使卫星的仪器设备的温度保持在制定范围内。

（1）被动热控。使用比较广泛的被动热控就是热控涂层和热包覆，也就是经常看到的卫星的外观形态里有的包裹着金色的外衣，有的则涂着不同的颜色。热控涂层通过选择不同的表面涂料来确定平衡后的温度。这种方法多使用在一些星体外的单机部件上。热包覆主要做的是热隔绝，如多层隔热材料，使卫星尽可能不受环境温度变化影响。由于多数卫星主要是需要保温，因此这是广泛使用的一种热控手段。

另外卫星内部还需要进行热的内部交换，这里就用到了热管。热管也有很多用法，比如可以使用相变热管来使卫星整体实现等温化，也可以通过热管连接热辐射器，将多余的热释放到空间里去。而对于热辐射器的控制就算是主动的手段了。

（2）主动热控。主动热控的手段也有很多，比较典型的是电加热恒温装置，

也就是通过电热片等加热装置对需要进行温度维持的部位进行加热。电加热也可以分为两种模式，一种是开环控制，就像冬天取暖用的电热毯一样，夜里睡觉才开，白天就关掉。卫星也可以选择处于阴影时开始加热，出了阴影就停止。另一种是闭环控制，就是在加热的地方有测温点，加热到预定温度就停止加热，降到临界温度又重新开始加热。也可以利用控制辐射器的辐射面积来实现制冷控制。方法有很多，包括控制百叶窗开窗程度来控制辐射效率等；还有防热毯，表面是保温材料，热了就打开，里面是辐射较强的材料，辐射得差不多了再关上。

卫星的温度传感器是卫星的"温觉感受器"和"冷觉感受器"，用来感知卫星各重点控温部位的温度，通常使用热敏电阻或铂电阻。

卫星上的涂层是卫星的"皮肤"，不同的肤色对热辐射的防护效果不同，根据设备和卫星结构的热控需求，为卫星选择不同的"皮肤"。

卫星的热管类似人体的血管，能够将局部产生的热量带到全身各处和散热的位置，通常安装到大功率设备的附近，将设备产生的热量导走，达到温度均衡和散热的目的。

卫星的热辐射器是卫星的"汗腺"，在无法实现对流散热的情况下，可将卫星产生的多余热量通过热辐射的方式散失。

卫星加热器主要有加热片和加热带，安装在不能在低温下工作的设备上，如蓄电池等。加热器是给卫星粘贴的"暖宝宝"，可以确保在低温状态下，卫星各设备工作正常。

卫星的多层隔热材料是工程师为卫星量身定制的"衣服"，用来隔离卫星热量的流入和流出，确保卫星处于相对稳定的温度环境中。多层隔热材料并不是一种材料，而是一个组合系统，通常由多个反射屏、间隔层以及其定形件按照顺序反复叠加组成，是真空环境下最好的隔热材料，又被称为超级隔热材料。其隔热效果随着层数的增加而增强，可根据卫星的工作环境选择适宜层数。图 3-102 中卫星外层包裹的薄膜材料即为多层材料。

图 3-102　海洋 1 号 D 卫星（HY-1D）

卫星在总装过程中的热控实施工作主要有安装温度传感器、安装热管、安装热辐射器、安装加热器和包敷多层隔热材料等，可看作为卫星加上"温觉感受器"和"冷觉感受器"，并增加血管和汗腺（热管），提高自身对温度的控制能力；同时在卫星的重点热控部位，根据需要粘贴"暖宝宝"，最后穿上用多层隔热材料制成的"星衣"。

卫星制造工程师们解决卫星在太空中的"穿衣"问题后，还需要解决卫星的"食""住""行"问题。

4. 电源分系统——卫星的"食物保障"

卫星上大量的电子设备工作以及卫星维持自身状态所需要的能量从哪来呢？

卫星中的电源分系统可以为卫星源源不断地提供电能，保障卫星在太空工作中的"食物需求"。卫星在太空中的工作时间在几个月到几年不等，不同寿命的卫星对电源的种类要求也不同。一般来说，对于仅几天到十几天寿命的航天器，选择锌银蓄电池或锂电池；对于执行短期飞行任务的大功率飞行器，尤其是载人飞船，氢氧燃料电池组是最好的选择，其化学反应排出的水分还可供航天员使用；核电源适用于在光照条件差、温度高或有尘埃流的恶劣空间环境条件下工作的卫星，多用于行星探测和某些长寿命的军事卫星；而对于寿命为几个月至十几年、功率为几百瓦到上万瓦的卫星来说，往往选择太阳电池阵。这就是大多数卫星和航天器的"食物保障方案"。

太阳电池阵就是用太阳电池作为光电转换器件、利用物理变化将光能转化为电能，是目前卫星的首选发电装置。太阳能电池阵是太阳翼的核心部件。当卫星运行在轨道的地影期时，以光电转换器件组成的太阳电池阵因无光而不能发电，必须由电能储存装置为卫星的用电负载供电。卫星的储能装置也有很多种，如可重复充电的蓄电池组（见图 3-103）、飞轮和电容等。它们在光照期间将能量储存起来，到卫星地影期释放能量给卫星供电。蓄电池组充电时将电能转化为化学能，放电时由化学能转化为电能；飞轮是实现机械能-电能转化的储能装置；而电容器则直接将电能存储起来后放电。目前蓄电池组仍然为卫星的首选储能装置。

太阳翼在卫星总装阶段的作业项目一般包括：模拟太阳敏感器安装、安装压紧座、星体姿态调整、太阳翼与星体对接、太阳翼手动展开、太阳翼加电展开、太阳翼光照试验、太阳翼火工品安装、太阳翼收拢，以及星体姿态恢复等工作。太阳翼通常利用压紧座悬挂于星外，其上的太阳能电池片直接暴露在外，总装过程中应做好防护，避免接触磕碰。太阳翼展开后通过一个旋转机构与卫星连接，地面装配过程中应模拟太空中的零重力工作环境，保证太阳翼安装后的状态与太空工作时的状态一致。

图 3-103　卫星蓄电池

蓄电池组通常安装于卫星内，是卫星上最主要的储能装置，也是唯一的自带电设备。其安装过程中应采取充足的防静电和防短路措施，避免安装过程中发生短路、打火等事故。卫星的所有能源均直接来自蓄电池组，其输出大量功率的同时，局部也会释放热量。为避免影响蓄电池寿命和性能，需要将其局部产生的热量及时导走。蓄电池安装时通常加隔热板，其安装的结构板中预埋热管，确保蓄电池处于相对均匀的温度环境。

5. 从"温室"走向"风雨"——卫星的成长之路

作为一个国家的重要航天产品，卫星的商业价值和应用价值都很高。在地面制造阶段，为保证卫星的品质，需要对卫星在地面所处的环境进行严格控制。

卫星总装阶段所在的厂房通常称为卫星总装大厅，这里对环境有严格的要求。

（1）温度要求：一般（20±5）℃，各分系统根据产品特点提出具体要求。

（2）湿度要求：总装大厅一般要求30%～60%，测试间一般要求25%～45%。

（3）洁净度要求：大厅要求优于100000级，管路要求10000级，光学产品要求1000级。

（4）照明度：100～300lx。

（5）噪声：不大于60dB。

（6）有害污染物：空气中碳氢化合物含量不大于 $1.5 \times 10^{-6} g/cm^3$。

湿度通常指相对湿度，是空气中的绝对湿度与同温度下的饱和绝对湿度的比值。也就是指某湿空气中所含水蒸气的质量与同温度下饱和空气中所含水蒸气的质量之比，这个比值用百分数表示。

洁净度指空气中所含尘埃量多少的程度。在一般的情况下，是指单位体积的空气中所含大于等于某一粒径粒子的数量。含尘量高，则级数大，对应洁净度低；含尘量低，则级数小，对应洁净度高。

卫星在地面时"住在"卫星总装大厅，卫星制造工程师们为它们提供温度适宜、湿度适中、高洁净度的环境，可以说地面的卫星生活在"温室"中。在卫星总装完成，发射到太空后，它就要独立面对外太空的恶劣环境。

宇宙空间充满了各种形态的物质：有中性气体、电离气体、等离子体和各种能量的带电粒子；有引力场、磁场和电场；有各种波长的电磁辐射（从能量极高的 γ 射线到频率极低的电磁波）。它们都具有十分复杂的空间结构和随时间变化的特征，在近地空间可以划分为高层大气、电离层、磁层、等离子体层和辐射带等主要区域。在磁层以外更远的空间则是由太阳风和行星际磁场构成的日层，以及在其中运行的行星、小行星、彗星等。航天器因其担负的任务不同而在不同的轨道上运行，它们所面临的环境也极不相同，四种轨道环境对航天器的影响见表3-21。

卫星从地面到太空，"住"的环境发生巨大变化，所以在地面总装时，工程师们会用各种先进技术对卫星进行从内到外的防护武装，确保卫星在驻留太空期间能够在预期寿命内正常工作。

表 3-21　四种轨道上各种环境参数对航天器的影响

环境条件	低轨道 （100~1000km）	中轨道 （1000~10000km）	地球同步轨道 （36000km）	行星际飞行轨道
中性大气	阻力对轨道影响严重，原子氧对表面腐蚀严重	没有影响	没有影响	没有影响
等离子体	影响通信，电源泄漏	影响微弱	充电问题严重	影响微弱
高能带电粒子	辐射带南大西洋异常区和高纬地区宇宙线诱发单粒子事件	辐射带和宇宙线的剂量效应和单粒子事件效应严重	宇宙线的剂量效应和单粒子事件效应严重	宇宙线的剂量效应和单粒子事件效应严重
磁场	磁力矩对姿态影响严重，磁场可作姿态测量参考系	磁力矩对姿态有影响	影响微弱	没有影响
太阳电磁辐射	对表面材料性能有影响	对表面材料性能有影响	对表面材料性能有影响	对表面材料性能有影响
地球大气反照和射出辐射	对航天器辐射收支有影响	没有影响	没有影响	影响微弱
流星体	有低碰撞概率	有低碰撞概率	有低碰撞概率	有低碰撞概率

6. 快与慢的极端——卫星"行走"

众所周知，卫星绕地球快速旋转。那么，卫星在太空中的运行速度是多少呢？是否就是第一宇宙速度（7.9km/s）？答案可能和教材上的理论值不太一样。

物理课本中，卫星脱离地球引力的最小速度被称为第一宇宙速度 v，

$$v = \sqrt{\frac{Gm}{r}} = \sqrt{\frac{6.67 \times 10^{-11} \times 5.965 \times 10^{24}}{6371400}} = 7.91\text{km/s}$$

式中，G 为万有引力常数；m 为地球质量；r 为地球半径。

事实上没有一颗卫星能做到以如此快的速度贴着海平面飞行。为了克服空气阻力，我们需要将它发射到 100km 以上的大气层外，于是上边公式中的 r 就变大了。

在轨飞行的航天器，无论是卫星、飞船还是更大更重的空间站，只要它是在近圆轨道上飞行，其轨道高度越高，飞行的速度就越慢。按照中国空间站 388.6km 的平均轨道高度算：$r = 6371.4 + 388.6 = 6760$km，代入轨道速度计算公式后得出：$v \approx 7.68$km/s，这个值显然小于 7.91km/s 的第一宇宙速度。位于 36000km 高度的静止轨道卫星的速度只有 3.1km/s，远低于第一宇宙速度。对于处在椭圆轨道上飞行的卫星（比如我国第一颗卫星"东方红一号"）而言，它的轨道速度是在一个区间里不断变化的。有些通信卫星为了在某些地区能逗留更长时间，特意采用了一种高度椭圆的轨道（Molniya 轨道），它的轨道速度在 1.5~10km/s 的范围内不断变化。

即使卫星的运行速度达不到第一宇宙速度，按照多数卫星的运行速度，都可以在 10min 以内从北京抵达上海，这是地面上任何交通工具都无法达到甚至接近的。可以说卫星在太空中的运行速度是极端的快。

卫星在地面上怎么行走呢？是不是也可以超过普通交通工具，快速移动呢？答案是不可以。卫星在地面总装阶段涉及的移动过程主要包括：卫星在厂房内的运输、卫星在不同工位间的吊装、卫星在厂外短距离运输、卫星从厂房向发射场运输等。卫星各个阶段的运输对速度都有严格的限制。

卫星在厂房内放在支架车上运输时，通常速度不超过 10m/min。卫星在不同工位间吊装时上升速度不大于 1m/min、下降速度不大于 0.5m/min、平移速度不超过 3m/min、对接速度不超过 0.2m/min。在厂房外运输时，要求高速公路上不超过 60km/h，城市道路上一般不超过 40km/h，厂外短距离（5km 以内）转运时不超过 15km/h。

不管是道路运输还是厂内转运，卫星在地面的"运动速度"都是极端缓慢，这是为了在地面运输和转运过程中，防止发生磕碰损伤，确保卫星在总装过程中

万无一失。为了进一步确保卫星的安全可靠，根据地面运输过程中的需求，航天工程师们给配备了卫星包装箱、卫星吊具、卫星支架车等设备，为卫星的运输过程提供地面支持。

卫星不同于汽车、电脑、手机等机械电子产品，其一旦发射就再也没有机会维修，因此卫星对可靠性的要求极端严苛，这也造成了卫星的制造过程也比一般机械电子产品更为复杂。从"女娲造人"的视角去看卫星的制造过程，可以看做：先创造卫星的身体，再植入卫星的血液循环系统、神经系统和体温调节系统，身体功能完备后，最后解决卫星的衣、食、住、行问题。当所有问题都解决后，武装到牙齿的卫星将离开地面舒适的家，乘坐火箭前往环境恶劣的太空，去承担它的使命。

科学实验与计算

卫星设备大多用螺钉穿过设备上的通孔安装到卫星上，存在较大的晃动量，而卫星有些设备角度偏离设计值几角秒就会使性能严重下降。那么安装过程中是如何保证这些设备的安装精度的呢？

这里就要提到卫星的精度检测（后文简称精测）。为了保证卫星上的地球敏感器、太阳和星敏感器、惯性器件等姿态敏感仪器和推力组件、天线、某些传感器和各种相机等设备在飞行期间能够正常工作，在地面安装时应将它们调整到必须的几何精度。几何精度包括两个方面：卫星的结构精度和有精度要求的仪器设备的安装精度。

1. 测量机械坐标系的确定

把卫星与运载火箭的对接面作为结构基准平面 A，如图 3-104 所示。为了便于分析和测量，有意使两个作为精确定位的对接孔分布在 OZ 轴上，坐标原点 O 处于这些定位孔的中间。OX 轴与对接面垂直，A 平面上的 OY 与 OZ 轴垂直。检测时必须将 A 平面调至水平面。

在星体上，OY 和 OZ 轴与下端框外表面相交，形成四条纵向框刻线通称为象限线（或称基准线），从卫星底部向上看，按顺时针排列，分别用 I ~ IV 表示。这四条线向上延伸，在壳体结构的每个舱段的上下两个端框上，都刻有这 4 条象限线。

由于精度测量时它们作为结构基准，所以在结构加工时必须严格按设计图样的要求保证刻线精度。仪器在坐标系中的角位置由方位角与俯仰角来确定：方位角为仪器的光轴在 A 面上的投影与 OZ 轴的夹角，一般从 OZ 轴开始按顺时针计算；俯仰角为仪器的光轴相对于水平面的夹角。

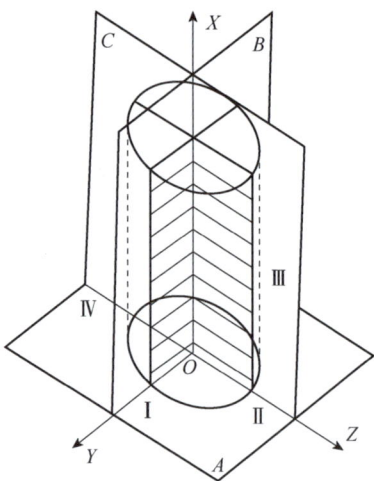

图 3-104　卫星的机械坐标系

2. 被测量仪器和设备的测量基准

对于不同的待测产品，必须根据它们的特点确定它们的测量基准。用光学方法进行精测时，必须在被检测的仪器和设备上设置光学基准。只要把被测产品测量特性转化为一个平面反射镜，就可以用光学方法进行精度测量。对于地球、星和太阳敏感器等光学仪器和相机镜头，可以用垂直于光轴的平面镜来代替光轴；对于陀螺等惯性器件，可以用它们组合壳体上的专用平面镜来代替它们的惯性轴；对于各种推力组件和发动机，可以以在它们喷嘴内插检验棒或贴反射镜来代替它的几何轴线作为测量基准。

3. 整星的测量基准

它需通过 3 次坐标系转换才能建立起来。首先通过整星基准面的定位销或象限线刻线建立起整星机械坐标系，然后将其转换到经纬仪坐标系，再将其转换到粘贴在工艺支架上的光学立方镜，最后转换到粘贴在星体结构上的立方镜。测量是相对于星体立方镜坐标系进行的，所得数据通过计算机软件的数据处理，转换为相对于星体机械坐标系的数据。

目前常用精度测量系统是非接触式大尺寸测量系统。首先使用三台经纬仪，分别对卫星的基准进行测量，然后对设备的角度进行测量，测量卫星基准的经纬仪和测量设备的经纬仪互描，建立设备基准与卫星基准的关系，利用计算机进行坐标转换，即可计算出设备在整星坐标系下的方向是否满足设计需求。

小记者提问

【问题一】前面已经对卫星的制造流程和环境做了介绍，如果有一颗新的卫星要设计卫星总装流程，如何开展呢？举例说明。

卫星总装工艺技术流程是卫星总装、测试、试验、转运、发射场总装、测试及发射区的最后总装等各阶段。总装实施工作的程序大纲、流程制定的合理和正确直接关系卫星总装的质量、工作周期和成本。技术流程包括工作阶段的划分、阶段任务的组成、工作顺序、工作内容、保障条件、参加单位以及注意事项，技术流程可作为有关部门制定计划流程、物资采购计划、人员调配、协作安排的依据。

卫星研制通常要经过方案、初样与正样阶段。初样阶段根据各个不同系统的需要，装配具有某些特点的试验星。在编制初样各种试验星的总装技术流程时，可以根据每颗星的使用要求，在通用技术流程的基础上进行适当的删减和补充。在正样阶段，尽管型号不同，结构型式差异较大，性能技术指标各不相同，但其总装的工艺技术流程差异不大，如图 3-105 所示。一般卫星总装工艺技术流程可以分为以下 20 个部分。

（1）总装准备，包括分系统验收、舱体结构验收、总装直属件验收、技术文件准备和工作装备准备；

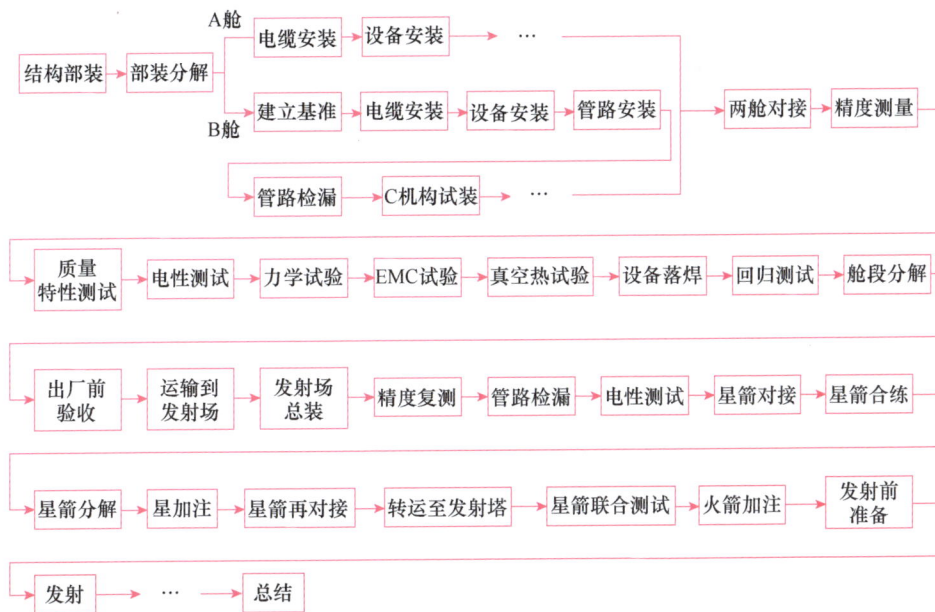

图 3-105　卫星总装流程

（2）结构部装和结构精度检测；

（3）管路取样、制作、安装和检漏；

（4）热控实施，包括制作包覆层及安装；

（5）仪器设备和传感器的安装；

（6）电缆敷设；

（7）仪器安装精度检测和舱段检测，包括密封性能测试、质量特性测试、舱段电性能测试；

（8）舱段对接；

（9）整星密封性能和精度检测；

（10）综合电性能测试；

（11）力学环境试验，包括振动、冲击和噪声试验；

（12）真空热试验；

（13）精度与漏率复测；

（14）可靠性增长试验；

（15）装箱与运输；

（16）发射场总装；

（17）整星精度检测；

（18）电性能测试；

（19）整星检漏、补气、加注工质和燃料；

（20）转运至发射区，发射区总装。

【问题二】卫星的可靠性要求这么高，且环节烦琐，那卫星装配完成后、发射前，要进行哪些试验来确保卫星性能满足要求呢？

卫星从出厂后经运输、发射上天、入轨及轨道运行等过程直至返回地面，要经受各种各样环境的影响和作用，这些环境的复杂性与多样性是任何产品都不能比的。例如：在地面运输中，卫星经受到振动、冲击和地面气候环境的作用；在发射过程，有加速度、声和振动和冲击等力学环境的作用，还有大气压力和温度急剧变化的影响；在轨道运行过程中，卫星处于真空和深冷环境，还受到宇宙射线、太阳辐射、电磁辐射、高能粒子等作用，此外还有等离子体、地磁场、微重力、原子氧，以及微流星与空间碎片等各种空间环境的影响。

不同的环境对卫星的影响和造成的损害也不一样，例如：力学环境主要造成结构的变形或损坏；真空、深冷环境和太阳照射组成的热-真空环境会使卫星上的仪器设备不能正常工作；空间辐射环境会使卫星上的电子元器件、热控涂层和光学镜面的性能发生变化或变质，它是导致电子元器件或线路出现故障的重要原因；等离子体对卫星表面产生的充放电现象也曾造成多起卫星的故障；超高真空环境会导致活动部件及转动机构因冷焊效应而失灵，同时使某些展开部件不能正常展开；地磁场会影响卫星的姿态；微重力环境会使某些仪器不能正常工作；微流星及空间碎片会损坏卫星结构和表面材料特性等。可见，空间环境的长期综合作用是影响卫星高可靠、长寿命的重要因素。

在研制过程中进行大量的再现卫星环境或这些环境效应的环境（模拟）试验是验证卫星设计和制造工艺的有效而经济的重要手段。卫星产品，从组件、分系统到整个卫星，能否通过预定的环境试验项目，成为产品是否合格和能否交付使用或验收的重要依据。

（1）力学环境试验。

卫星主要是在发射阶段经受各种力学环境，如加速度、声、振动和冲击。在其他阶段虽然也有力学环境的作用，但是其严酷程度不如发射阶段，或者可通过采取某些防护措施来减轻这些环境的作用。例如，在运输过程中，为了减轻振动环境的作用，运输包装箱要有良好的隔振措施。

卫星经受力学环境作用的时间虽然比较短暂，但是对卫星的结构可靠性和星上设备的正常工作有重要影响，因此不能忽视。在卫星的研制过程中，从组件到整星，力学环境试验，特别是振动和声试验，占了相当大的比重，具有很大的重要性。

（2）真空-热环境试验。

真空和热环境是卫星在轨道运行期间遇到的最重要的环境。处在高真空、太阳和地球热辐射、冷黑背景下，再加上星上许多仪器设备工作时放出的热量，卫星的受热、散热和传热状态十分复杂。进行真空环境下的热试验，目的是要验证卫星热设计的正确性，确保星上的仪器设备的温度控制在许可范围内。同时，还需要对制造出来的卫星组件、分系统乃至整星进行设计和制造工艺验证，确保它们能够在预计轨道运行时的真空-热环境下正常工作。这两类试验前者称为热平衡试验，后者称为热真空试验。进行这些试验，需要有能再现或模拟卫星所经受的真空-热环境的试验设备与试验方法。现在一般所说的空间环境模拟试验就是指这一类试验，实际上是一种空间环境综合试验。此外，在热真空试验过程中还要检测一些电子设备在发射阶段大气压力快速降低过程中是否会产生真空放电现象（电弧放电、电晕放电和微放电）。

（3）电磁环境试验。卫星的电磁环境试验是指电磁兼容性（Electromagnetic Magnetic Compatibility，EMC）试验和磁试验。

EMC试验的目的是要确认星上的各种电子设备能在所经受的电磁环境中正常工作，不会因其他设备产生的电磁环境受到不利的影响。及早的和有效的EMC试验将有助于发现这方面的问题。

随着卫星工作寿命和指向精度的提高，卫星的磁特性要求也逐步提高。要求在轨道运行时卫星尽量少受磁干扰力矩影响，从而星上的仪器可以不受卫星或外部磁场的影响而正常工作。因此磁试验也是卫星研制中的一项重要试验。磁试验的目的是：

1）测量卫星及其组件的磁矩（剩磁矩、感应磁矩），验证卫星的磁设计；

2）测定卫星的本底磁场和对磁敏感元件（如磁强计）等的影响；

3）对卫星或其组件进行充退磁来控制卫星的磁性，实现磁补偿。

磁试验要在专门的设备中进行。该设备应能够抵消地磁场变化，形成一个零磁场，并能对卫星进行退磁和充磁。

（4）特殊部组件的环境试验。

这指对一些特殊部组件和分系统在模拟空间环境下的功能试验和校准。这些试验对保证卫星在轨工作可靠性有重要作用，不能忽视。这类试验有很多种，技术较复杂，大多在初样研制试验阶段或正样鉴定试验阶段进行，如寿命试验、检漏试验、可展部件的展开试验、卫星遥感器件的功能和定标试验、卫星舱段分离试验、空间辐射环境试验和卫星表面充放电效应试验。

小测试

（1）中性大气会对哪种高度轨道的卫星产生影响？（　　　）

A. 低轨道 100~1000km　　　　B. 中轨道 1000~10000km
C. 地球同步轨道 36000km　　　D. 行星际飞行轨道

参考答案：A

（2）用户接收到超过（　　　）颗导航卫星数据时，就可算出与卫星的精确距离，从而建立方程组解算出三维坐标和时间信息。

A. 1　　　　　B. 2　　　　　C. 3　　　　　D. 4

参考答案：C

（3）以下不是卫星上可用的储能方式的是（　　　）。

A. 蓄电池组　　　B. 飞轮　　　C. 电容　　　D. 核能

参考答案：D

案例 15　航天主题诗歌创意写作

导读

　　1970 年 4 月 24 日，中国第一颗人造地球卫星"东方红一号"在酒泉卫星发射中心发射成功，从此开创了中国航天史的新纪元。从"两弹一星"到"天宫""北斗"，从神舟飞天到嫦娥探月，一代代航天人仰望星空、脚踏实地，中华民族实现了千年的飞天梦想，开启了迈向航天强国的新征程。

　　航天事业是实现中华民族伟大复兴不可缺少的组成部分，也是提高我国国际地位与综合国力的尖端工业。回顾我国航天事业的发展，在探索的路上我们经历了太多从"0"到"1"的突破，中华民族从未停止探索宇宙奥妙的脚步，中国的航天事业也正走向新的巅峰。星空浩瀚无穷，探索永无止境。为弘扬航天精神，普及航天知识，唱响中华民族"发展航天事业、建设航天强国"的主旋律，激发华夏儿女对太空探索的更大热情，我国自 2016 年起设立每年的 4 月 24 日为"中国航天日"。

　　回望过去，我们硕果累累，展望未来，我们信心满怀。作为新时代的零零后，同学们身担重任，肩负希望。为了帮助同学们更好地书写中国航天璀璨的故事，我们开设了"航天主题诗歌创意写作"课程，引导同学们怀抱航天之心，了解航天历史，以诗歌这种特有的形式表达对航天英雄们的敬意。我们也希望通过这种方式让更多人永远铭刻中国航天人的奋斗史，踏着先辈的脚印，去实现更伟大的中国航天梦。

　　课程得到了同学们的热烈欢迎和积极参与，在课程结束后我们将同学们的作品集结成册，编写了《扶摇九万里　担纲航天梦》航天主题诗歌集，以下是部分同学的作品。

航天诗歌作品

汉宫春·摘北斗

北京一零一中学高二7班　孟逸东

上古玄冥，空幽更辅弼，观者微轻。
昔年初尝天路，万户凋零。
悠悠千纪，望天垣、夙意难平。
步远道、枢衡勒石，功成寰宇同兴。
今日久谋求胜，所求非一瞥，誓愿征星！
东方红染穹野，夷夏皆惊。
时岁改易，摘北斗、复起鹊名。
通陌径、网罗艮兑，今朝当请长缨。

书法：李佳蒙

水调歌头·追梦

北京一零一中学高一 10 班　李璟瑗

悠悠五千年，耿耿银河星。

日月安属？屈子天问第一声。

太白举杯邀月，东坡把酒临风，浑仪有张衡。

万里隔霄汉，到底意难平。

众先贤，看今日，直堪惊。

蟾宫折桂，玉兔姮娥喜相迎。

回首初心不忘，明朝逐日前行，终点又启程。

少年追梦处，青云纵豪情。

豪情
錄李璟瑗作水調歌頭追夢　姚順俣書

悠悠五千年耿耿銀河星日月
安屬屈子天問第一聲太白舉
杯邀月東坡把酒臨風渾儀有
張衡萬里隔霄漢到底意難
平眾先賢看今日直堪驚
蟾宮折桂玉兔姮娥喜相迎回
首初心不忘明朝逐日前行終
點又啟程少年追夢處青雲縱

书法：姚顺俣

天 星 吟

北京一零一中学高一 1 班　陈昕宇

辽原星火上，月冷淡余晖。
鹭起星河里，舟过彩云飞。
一日万里行，顾盼何微微。
熠熠银河暗，粼粼玉生温。
逍遥九天际，但去莫复问！

书法：袁清扬

他　们

北京一零一中学初一1班　范樱瑞

浩瀚的宇宙，给人丰富的色彩。
神秘的宇宙，给人无穷的想象。
那闪闪发光的星星，密密麻麻地撒满了无垠的夜空。
就像是悬挂在高空的明灯。
东方红在太空第一次飘扬，
神舟系列见证我们成长的力量。

茫茫的宇宙中，有一群人。
他们追逐着奔月的豪情，他们攀登着天宫的云梯。
他们举起华夏民族的脊梁，他们深深地闪耀在宇宙星空。

是他们，让银河的风掀起中国人的衣角。
是他们，让中国的航天车开到了银河边。
他们，大胆创新，敢于挑战。
他们，百折不回，勇于实践。

我爱这一群可爱的英雄，我爱这壮阔的宇宙。
我爱这无私奉献的精神，我爱这伟大的祖国。

水调歌头·中国航天

北京一零一中学　高二1班　巨海岳
　　　　　　　　高二10班　黄　蕾

"东方"贯长虹，流响入云巅。雄心岂惧逆势，攻坚又何难？"神舟"遂愿载人，"嫦娥"圆梦登月，相贺尽笑颜。四纪一回首，星河盈满天。

展虹霓，踏沧溟，凌九天。河清海晏，长记来时征路远。大漠霜风作寒，抱薪之辈拓暖，塞北生月圆。盛世清辉里，航天续华篇！

归，寻

北京一零一中学怀柔校区高二1班　邢艺千

那时候
你是天空那一端的向往
你带着点点星辰
云卷云舒
荡涤着凡人的心灵
疏云淡月
河汉无极
阴阳参合而生宇宙
为何而然　又为何而去？
正则一部《天问》
深深刻在了千代后代的心里

四方上下为之宇
古往今来为之宙
这是《淮南子》中的思绪
纤云弄巧
飞星传恨
这是秦观体悟的星河情谊
嫦娥奔月
玉兔宫娥
是人们眼里浩渺梦幻的传奇
此外无所更多
皆是人们心中浩瀚的天地

浸润着你
浸润着你的神秘
蜷缩在苞叶中的火种
徐徐地点燃了大地
心中单纯的执着
翻涌着无垠广袤的荒漠
直到火焚尽边疆的夜幕
那来自东方的火种
轰鸣着烫开了天际

太阳在他肩畔升起
引得无数星星的追寻
那白昼将现　金辉灿烂的时刻
仍在母星蔚蓝色的梦中流忆

努力地飞向天际
体悟与日月并肩
探索天空的极点
遥隔万里
我们是否可以
用小小人类的体温
触摸宇宙的指纹
感受银河的脉动
星辉万里
光年之外
映衬在宇航服上的
是中国的答案
嫦娥啊
你是否知道
莹莹星野中
你不再只身一人

这里曾有一片汪洋？
这里曾有一片土地？
这里曾孕育文明？
这里曾蕴含生命？
她调皮地转身
把谜底挽在臂弯里
电波呢喃轻诉
把人间的故事讲给他听
终于
她张开了手臂
我走进了她心里

半个世纪的坚守
圆千年的情
时空的旅人啊
我们星空见

航 天 赞 歌

北京一零一中学矿大分校高一 2 班　郭美然

酒泉升起东方红，天外传来太阳升。
长征火箭冲霄汉，万丈云涛意纵横。
两弹一星动乾坤，东方巨龙扬威严。
神舟展翼歌盛世，壮志凌云贯长虹。
飞船载人试问天，航天伟业谱新篇。
墨子卫星意非凡，量子通讯堪精湛。
天宫殿外建航站，祖国科研技领先。
嫦娥翩然探蟾宫，九天翱翔若惊鸿。
太空授课现奇观，莘莘学子邀相看。
舱外漫步巡宇寰，国旗飘扬天外天。
北斗织网天地融，服务共享全球通。
智慧天眼控苍穹，亮剑窥天世人崇。
中国航天聚群英，创新发展肯登攀。
坚持科学发展观，互通互鉴攻精尖。
太空迈出一小步，人类前进一大步。
华夏儿女千载梦，众志成城铸辉煌。

参 考 文 献

[1] 唐果南. 普通高中课程标准实验教科书物理选修 3–5 教师教学用书 [M]. 4 版. 北京：人民教育出版社，2010.

[2] 王悦宁. Memorian-QN. 更喜岷山千里雪，三军过后尽开颜——中国"长征"系列运载火箭发展史 [J]. 百科探秘（航空航天），2020（10）：4-12.

[3] 填补我国大推力氢氧发动机空白——记长征五号一级主动力 50 吨氢氧发动机 [J]. 国防科技工业，2016（11）：19.

[4] 塞勃. 理解航天：航天学入门 [M]. 张海云，李俊峰，译. 北京：清华大学出版社，2007.

[5] 章仁为. 卫星轨道姿态动力学与控制 [M]. 北京：北京航空航天大学出版社，1998.

[6] 王磊. 中心引力场下天体运动的椭圆轨道证明 [J]. 物理教师，2020，41（2）：95-97.

[7] 赵曰峰. 椭圆运动中万有引力定律表达式的推导兼谈卫星椭圆运动的运行参量及应用 [J]. 物理教师，2019，40（12）：54-57.

[8] 邵云. 椭圆曲率半径的四个公式及两种力学推理方法 [J]. 物理与工程，2019（6）：103-107.

[9] 任婧宇，董亚维，李骁. 祁连山地区原地貌样方水土流失遥感监测 [J]. 中国水土保持，2020（11）：54-57.

[10] 郜鹏. 浅谈如何做好宁夏地区北斗卫星导航的保障和服务工作 [J]. 中国无线电，2014（12）：23-24，28.

[11] 廖涌权，庄翠霞，吴冠. 基于情境创设的"生态系统的组成"概念建构 [J]. 生物学教学，2019，44（3）：15-16.

[12] 刘维志. 松花江流域水资源生态服务价值研究 [D]. 黑龙江：东北林业大学，2009.

[13] 刘红，胡恩柱，胡大伟，等. 生物再生生命保障系统设计的基本问题 [J]. 航天医学与医学工程，2008，21（4）：372-376.

[14] 梁雪，付玉明，刘红. 生物再生生命保障系统内候选动物蛋白—蚕的研究进展 [J]. 航天医学与医学工程，2015，28（6）：460-463.

[15] 佟玲，刘红. 生物再生式生命保障系统内动物蛋白生产的研究进展 [J]. 航天医学与医学工程，2009，22（1）：72-78.

[16] 我国建成"月宫一号"人和植物可封闭共存 [J]. 中国科技信息，2014（1）：7-8.

[17] 刘红. "月宫一号"中多人 105 天生物再生生命保障系统集成密闭实验 [C] //中国空间科学学会空间生命专业委员会第二十届学术研讨会暨中国宇航学会航天医学工程与空间生物学专业委员会第四届学术研讨会论文集. 2014：164-164.

[18] "月宫 365"实验圆满成功（一）——北航"月宫一号"再创世界纪录 [J]. 实验室研究与探索，2018，37（5）：3-4.

[19] NELSON M, DEMPSTER WF, ALLEN JP. "Modular Biospheres" -New testbed platforms for public environmental [J]. Advances in Space Research：The Official Journal of the Committee on Space Research（COSPAR），2008，41（5）：787-797.

[20] Erik S. Drought test begins in Biosphere 2 rainforest [J]. Science，2019，366（6463）：289-290.

[21] 李勉．人类能离开地球生活吗？"生物圈"2号实验的启示 [J]．青海科技，2014 (1)：90-91.

[22] 李莹辉，左永亮．"绿航星际"——4人180天受控生态生保系统集成试验圆满收官 [J]．国际太空，2017 (1)：14-18.

[23] 腾月．在太空舱中种地 [J]．科技潮，2013 (4)：54-57.

[24] 张娜，王可炜，陈曦．诺亚方舟之殇——现代封闭实验生态系统的困境与转型 [J]．广东技术师范学院学报（自然科学版），2013，34 (4)：65-69.

[25] 王玲，陈颖健．人造微型生态系统——日本版"迷你地球" [J]．国外科技动态，2001 (2)：32-33.

[26] 董海胜，赵伟，臧鹏，等．长期载人航天飞行航天营养与食品研究进展 [J]．食品科学，2018，39 (9)：280-285.

[27] 严格监管食品药品 力保"大安全" 航天信息荣获食品安全"突出贡献单位"奖 [J]．计算机与网络，2012，38 (24)：5.

[28] 钱建亚，孙芝杨．美国航空航天署的食品系统 [J]．扬州大学烹饪学报，2008，25 (1)：52-58.

[29] 十佳航天食品 [J]．科技与生活，2011 (22)：54.

[30] 无重力状态下的举重：在地球上感受宇航员的塑肌运动 [J]．军民两用技术与产品，2018 (11)：40-42.

[31] 闻慧琴，董少广．科学饮食到底怎么吃？ [J]．养生大世界，2020 (7)：79-80.

[32] 动物性蛋白和植物性蛋白 [J]．新疆畜牧业，2016 (5)：23.

[33] 黄昏晨钟．舌尖上的太空（下）[J]．太空探索，2020 (4)：66-69.

[34] 靳玉伟，刘晓东，王策．太空宇航服简介 [J]．中国个体防护装备，2006 (1)：22-23.

[35] 贾红兵，宋晔，王经逸．高分子材料 [M]．南京：南京大学出版社，2019：96.

[36] 尹舒力．"尿不湿"中蕴含的伟大哲理——由一篇高中化学课的教案说开去 [J]．中国军转民，2009 (9)：19-23.

[37] GPS系统360百科文档 https：//baike．so．com/doc/5348881-5584335．html.

[38] 北斗卫星导航系统网址 http：//www．beidou．gov．cn/.

[39] 陈继远．铯原子钟物理谐振器特性测试系统设计与实现 [D]．成都：电子科技大学，2020.

[40] 余凤翔．铯喷泉钟激光稳频技术和原子选态方法研究 [D]．西安：中国科学院大学（中国科学院国家授时中心），2019.

[41] 《百度百家》https：//baijiahao．baidu．com/s？id=1634557863796722264.

[42] 《蝌蚪五线谱》http：//story．kedo．gov．cn/c/2018-03-27/915531．shtml.

[43] 钟国徽，李玉恒，凌树宽，等．太空微重力环境对人体的影响及防护措施 [J]．生物学通报，2016，51 (10)：1-4.